AQUARIUS

AQUARIUS

AQUARIUS

AQUARIUS

Vision

一些人物，
一些視野，
一些觀點，
與一個全新的遠景！

好女人受的傷最重

精神科醫師教妳
立下界線，智慧突圍

賴奕菁（精神科醫師／醫學博士）

【推薦序】

女性的困境與解脫

王俸鋼（彰化基督教醫院司法精神醫學中心主任）

三島由紀夫曾說過，所謂心理健康的人，究其本質就是不道德的人。這樣的話聽來偏激，但在精神科診間裡面對形形色色受苦的人，總是會覺得三島的話，似乎很諷刺地在某些人性的點上，讓人產生了共鳴。

難道「好人」就總是容易受苦？或者說一定要試著學會當「壞人」，才能讓自己的內心得到平衡？其實光是有著這樣的掙扎和感觸，就意味著痛苦的靈魂裡，絕對擁有著足夠豐富的善念和對自我的要求，但總是不幸地遇到了各種匪夷所思的兩性關係，及背後延伸出來的各種人際衝突。

做為一個女性，該怎麼樣的去信任自己的伴侶？都不嫌貧、不愛富，更不看外表，努力選擇了個看起來忠厚老實的良人，就能保證不會面對背叛？

做為一個女兒，都已經百依百順，為了娘家、為了夫家做牛做馬，但自己的犧牲奉獻，就一定會被看見、會被感激？還是終究只能在教條和約定俗成的各種習俗下，將自己的血汗視為理所當然？

明明有著很好的天賦，被眾人稱羨的才能與潛力，為什麼男性事業有成，就從來不是問題，但只要是女性就一定會被詢問：「妳如何兼顧事業與家庭？」什麼時候，「家庭」成了女性命定專屬的絕對羈絆？

而已經貌合神離、另一半外遇不斷的婚姻，為什麼總是要「為了孩子、為了給一個完整的家」，而讓女性非得委曲求全？

為什麼「母以子貴」會是這個社會和文化底下的潛規則？當世界將孩子的成就永遠和媽媽綁定在一起的時候，母親因為養子不教而產生的壓力感，衍生出來的親子衝突，這罪又該怪到哪一端？是偏執的母親，還是動輒檢討媽媽的習慣與文化？

由於信奉機械式的理性，身為一個常被嘲笑為「性別盲」的異性戀男子，我其實並不容易深刻地體會，女性在台灣這個融合了多種東方文化的社會架構下，所面臨的各種來自幼年原生家庭的啟蒙、成長過程中的教育，甚至長大後社會文化背景中的潛規則等，方方面面所帶來的困境。

理解，但無法深切地體會或感同身受。

但也由於這樣的無感，在「不管是男人還是女人，在此之前都要做為一個『人』而存在」的這種信念下，於臨床實務上，常常讓很多陷入困境的女性病患，覺得生命中的各種負罪感，因為體會到這種不被教條和各種約定俗成的規範所綑綁的理性，在感覺得到了某種洞見後而豁然開朗。

但反過來說，這樣的理性，在很多時候，也成了同理某些女性深刻內在經驗的阻礙，一如我某位患者跟我說的：「也就只有女醫師才比較明白吧！那種明明也在努力賺錢，但好像回到家，所有煮飯掃地做家事的雜務，都成了天經地義的責任。」那種在感性上總缺了臨門一腳，讓女性不容易覺得自己在情感上的困境，被徹底了解的那種感受。

然而，在這本以女性角色和生命中的各階段、各個層次人際關係為主軸的書，由賴奕菁醫師寫來，完全合併了理性與感性的優點，彼此互補。一方面因為賴醫師擅長說故事的生花妙筆，在她豐富的臨床經驗背書支援下，大大地提高了本書的可讀性；另一方面，更透過關鍵情節清楚傳神地描述，讓人對女性所面臨的身、心、家庭、文化社會規範而衍生的困境，有了更進一步的體認，並且在接續的段落裡話鋒一轉，從對困境中女性的感性接納，轉進由另一種出自女性觀點的理性與犀利，直面父權和禮教所交織而成的枷鎖，分析這層層網絡的糾纏與死結，點出了突破這些困境的可能出路。

賴醫師與我其實並沒有很多現實工作上的接觸。做為一向女少男多的醫學同行中，才貌兼備、醫學研究和完整的臨床資歷，幾乎必然是她成為同行無法忽視焦點的主因。但不同於一般，我和她的交集反而始於精神醫學會的一些公共事務，「橫眉冷對千夫指，俯首甘為孺子牛」的這種形象對比，是她給我最深刻的第一印象，而這樣的風格，也或多或少呈現在這本書中。

因為溫柔的同情共感，書中每一段落的故事，真實呈現了無數受苦的女性生命的縮影，幾乎所有女性讀者都可以在不同的情節中，找到自身的共鳴點，而男性讀者也可以從中發掘出身邊無數女性說不清、道不明的深沉傷痛。由於堅毅的解構洞察，精神科醫師的專業分析散發出自我賦權的能量與勇氣，讓透過這本書得到某種程度救贖的讀者，可以借著本書所給予的力量，從逆境中得到脫困的契機。

很榮幸能夠先多數讀者一睹這本書，這本為因為各種自身的、他人的「善意」而受苦的眾多心靈，提供可能的出路的好書。更在看完之後，相信本書必然能夠讓讀者獲得深刻的體悟，而進一步受益。在此特別推薦這本由賴醫師所寫的佳作。

【自序】

當好人是要付出代價的，我們真的理解嗎？

精神科醫師當久了，我常在診間聽到病人驚嘆：「醫師，你在我家裝了監視器嗎？為什麼連後來怎麼樣了，你都知道?!」

誰都知道這是開玩笑的說法，畢竟我無從知曉真實狀況。但為何僅是靠著「推理」所做的臆測與分析，就能有頗高的準確度？答案在於「人性」。人心是共通的，只要看的人生劇本夠多，抓到其中的脈絡，就能體會到「人同此心，心同此理」，再順著前提描述推論下來，大概八九不離十。

就像這本書雖然是多個獨立的人生故事，但全部歸納起來之後，還是能發現其中每一個受苦的個人都是陷入「關係」的難題，不管是家庭、婚姻或親子。當我們認為自己該做什麼，別人對我們的期待是什麼，我們又覺得對方應該如何回應時……林林總總的這些情節，在我們的腦中隱約已有一套劇本，往往不必等事情真的發生，大概也能猜想得到他人的反應。然而，一旦「該做」與「想做」，或是「預期」與「實際」之間有了落差，人可能就會感到困擾或痛苦了。

書寫這本書的案例時，我只單純書寫情節，不會提到任何一個人名。因為在共通的人性之前，名字不過是多餘的代號，所以，故事裡只會出現她，還有她的誰，或是誰的誰，做了、說了什麼而已。這樣的安排是邀請讀者「對號入座」，只要覺得情節是符合自身或是認識的人，都可以直接進入角色，體會當事人的內心世界。

寶瓶文化邀我寫書，出發點並非報導診間故事，而是在於對事件的分析，更要提出具體可行的建議。結合案例與分析建議，對於我這一顆受過完整理科訓練的文科腦而言，雖是駕輕就熟的，但世事並無正確答案，我提出的僅為「個人」見解，絕非一定得照辦的準則。而書名緣起於感嘆每天來來去去的患者，往往愈善良的，心傷愈嚴重。為什麼人會傻到老是受傷？難道毫無防禦的能力嗎？答案當然是「有的」，只是被施了「要當好人」的魔咒，而放棄自我保護，任人宰割。這能怪誰呢？所有的教育都在教人做好人，要做好事，但誰有勇氣說實話——「**當好人是要付出代價的！**」

「好人」就是「待宰的肥羊」?!

不是心懷善念就能當好人。想被公認是個「好人」，得割肉來交換。說得更直白一點，當好人就等同願意「被剝削」。當你被拱成好人的時候，會沒有人趁機拿到好處嗎？就像如果有人總是請客吃飯，旁邊自然就會湊著一夥等著吃白食的人群。如果有誰家裡出了個凡事皆攬的孝女，通常兄弟就愈來愈自私，甚至不顧父母。若能讓人早點醒悟，明白當好人就得犧牲到底，後來要是反悔，稍有抱怨，還會被指責的話，或許人們就不會輕易說自己就是心太軟，無法拒絕了吧。

委屈無法求全

相對於男性，女性更苦惱於別人總要她們：「忍一下就好啦！」「你就忍一忍，順著他，就沒事了。」面對這種要求，我的反應通常只有一句：「最好是啦！」顛撲不破的慣例是，委屈從來沒有能解決問題過。權力只要長期失衡，強勢者（得利者）會覺得這哪是「特權」，而是「理所當然」。他們根本不會感恩對方的忍讓與犧牲，更別期望哪一天他們會良心發現。沒辦法，這就是人性。

如果想當好人而總是隱忍，不反抗，甚至連抗議都沒有，那麼只會把對方的胃口愈養愈大。得寸進尺，軟土深掘，終致有一天釀成罪惡。而如果一個人在家無法無天習慣了，出去外面，自然也會為所欲為，毫不愧疚。**濫好人其實是養成壞人的幫凶**。所以，如果對方太過分，就別忍了，應該想個辦法，讓他踢到鐵板才是。

既然如此，為何我們總是聽到勸人要隱忍？照樣，還是「人性」使然。欺負弱者、檢討弱者，比較簡單啊。為了別人去出頭，不只要花力氣，可能還跟著被打罵或是被針對，這是何苦來哉。叫別人忍忍，倒是能立刻耳根清靜。也就是說，說這些話的人，並不想解決問題，只想解決被問題困擾的人。既然是這樣，這類的話語就別聽了。

重新定義「好女人」

我誠懇的建議是別再委屈自己了，遇到事情，就好好地就事論事吧？不需要因為性別、身分……等因素，就退讓、隱忍，讓他人貶損自己的價值，否定自己生存的意義。

或許有人認為我是女醫師，屬於人生勝利組，哪有資格如此呼籲。其實，我同時是兩個孩子的媽，婚齡二十年，唸到博士，做過主管，生活會輕鬆、簡單嗎？在我這樣看似凶悍、能幹的外表下，我也曾經著過傳統教誨的道，婚後秉持著莫名的自我期許，想當賢妻良母、好媳婦，最後弄到心力交瘁。

當時即使我想求援，但丈夫比我還忙，而長輩也都在外地，愛莫能助。兩個孩子還小，只會需索，無法體諒。在最糟糕的時候，站在通勤的月台邊等火車的我，常想著要跳軌，因為我已經被壓榨到無法有轉圜的心力了。很慶幸，最後我並沒有衝動行事，而是鬧了一場家庭革命，畢竟「命都可以不要了，我還怕什麼？」

對於心理上已經死過一次的我，領悟到——別被自己困住了，尤其是別人加諸的觀念。當時我總是強撐著，把自己逼到極限，別人也總說熬過去就好了，哪知道，我差點熬不過去而直接掛點，同時也付出龐大的代價。至今，我還是創傷未癒，只要一出現與當年有點相似的狀況，就會讓我情緒瀕臨崩潰，開始高度戒備。所以，如果能一切從頭，我絕不再讓自己過勞。不要都想自己一肩扛起，寧可花錢找幫手，不然就別做了。如果是對方不肯妥協的事情，那麼就把事情放著，而不是對方執意怎麼做，我們就別無選擇，必須配合。或許，連婚姻都可以不要考慮。

自從我放棄成為傳統認可的好女人，我發現到愈不乖順聽話就愈舒爽，人生從黑白恢復為彩色，活著開始有了樂趣。不過，即使這樣，我似乎也沒造成別人的困擾，也就是說，我並沒有自以為的重要啊！而以前的那些堅持，大可稱為「自以為是」。這是多麼可笑卻又沉痛的領悟，我真的不希望有人如同我一樣，再多繞這麼一圈冤枉路。

然而，有不少的病患還是想扮演傳統的好女人。她們總是對別人好，總是犧牲、奉獻，不求回報。但是，她們其實還是私心期盼對方良心發現，除了讓自己博得美名外，也有美好的結局……只是，她們常常被我吐槽為「偽善的獨角戲」。因為，如果最後不如她們的預期，她們絕對會怨天尤人。而且，這其實有著很恐怖的後遺症——像我當年在長期的心力交瘁後，赫然發現自己的心竟然變硬了，我很難去悲憫他人的苦難。苦難讓人沒有餘裕優雅，這一句話，絕對不假。更甚者，還易心生惡毒，嫉妒別人的好運，挖苦或是語出嘲諷。人，還是要忠於自我，以免假裝好女人久了，內心變成了毒蘋果。

我的結論就是，別設下那麼多自我要求的條件了，**能過好自己的生活就是「好女人」**。請女性們放棄拯救他人的妄想，也放棄當悲劇英雄。通常要求女性那麼多的人，多半也只是出於自私而已。我們只要不拖累別人，對自己的生命負責就很好了。很多女性對我說，但她們就是放不下親人，可是親人往往就是傷她們最重的那些人。我總是會提醒她們，親人只是有血緣，不代表投緣與否。如果與對方相處確實是折磨，那麼我們需要保持適當距離，拒絕對方金錢或情感的勒索。

感謝這近半百的人生崎嶇路，讓我能夠寫出這本書，更感謝願意拿起這本書的你，希望它能帶給你些許助益。傷痛的源起或許早已久遠而不可考，而當初決定的動機，也早已轉變，但痛苦是真實的。化解傷痛不是否認就好，或說「事情都過去了」，假裝不存在，而是要靜下心來，用智慧去分析、看透、超脫、療傷，靈魂才能再度完整。凡走過的路，有其學習的價值。流過的淚，會洗出深層的智慧。

輯一 放下「好媳婦」、「好女兒」、「好太太」的迷思與包袱

輯二

立下界線，把受傷的自己愛回來

輯三

從原生家庭……自我覺察生命裡的黑洞與盲點

輯一

放下「好媳婦」、「好女兒」、「好太太」的迷思與包袱

丈夫的外遇對象是自己的姊姊?!

她在醫院照顧癌末的婆婆，
丈夫卻與她的二姊親密出遊，還摟肩合照。

女性在進入婚姻後，如果受了欺侮，娘家往往是最可靠的後盾。

比起在夫家，當個外人，娘家是自己的親生父母，以及一同長大的手足，彼此擁有共通的ＤＮＡ，這絕對是「自己人」的保證吧。

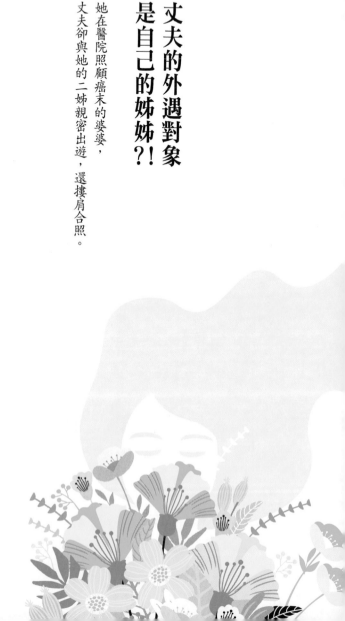

賺錢貼補家用的好女兒

她是一個相當認同家庭價值的傳統女性。家中食指浩繁，父母劬勞，她很早就不再升學，貼心地出社會工作，賺錢貼補家用。

在她的想法裡，會念書的兄弟姊妹，就去念書，像她不太會考試，就去賺錢。反正都是一家人，何必分你、我。家和萬事興。

在工作一段時間後，她遇到了誠懇、老實的對象。雖然是沒什麼錢的窮小子，但也算門當戶對，誰也不能嫌棄誰。

結婚之後，她用心照顧家庭與小孩。扶持丈夫的事業，侍奉公婆，也不忘維繫娘家眾人的感情。

不只是逢年過節，就連週末，她也常主動聯繫兄弟姊妹回娘家聚餐。她出錢出力，只為讓父母感到欣慰。

雖然忙碌，但她不亦樂乎，即使女兒總是質疑：「為什麼舅舅、阿姨不辦？他們也都不用出錢？」她都勸解著：「你們將來也會嫁人。要記得，自家人不要計較喔。」

在丈夫事業正忙時，公婆卻相繼生病。公婆頻繁出入醫院，都是由她全程照護。

幸好女兒已經長大，她不需要醫院、家裡兩頭跑。

丈夫專心發展事業，她讓丈夫沒有後顧之憂。即使夫妻聚少離多，但也算分工完美，合作無間。

心都碎了

直到有一天，她在手機上赫然發現二姊貼出一張與男人的合照。她二姊因家暴而曾到她家避難，前一陣子才離婚成功。竟然這麼快就交到男友？

但，等她定睛一看，那男人竟然是她的丈夫。

她在醫院照顧癌末的婆婆，他卻與她的二姊親密出遊，還摟肩合照。

她無法置信，希望這只是個誤會。

但，仔細翻查臉書之後，她才發現自己不知何時已經被二姊刪去好友。這一次，她能看到照片，完全是因為兩人的共通朋友在不知情下按了讚，她才能看到這動態。

她氣急敗壞，回家後，找丈夫對質。

丈夫先是矢口否認，看到照片後，才終於承認。

在她追問很久之後，他才坦承已經上床過數次。

「你為什麼要這樣對我？」她真的不解。

「我就真的很寂寞啊！我是男人，總是有需要的。」

「我是在照顧你的父母耶！」

「那你是要怎麼樣？」丈夫自知理虧，惱羞成怒。

她可以忍耐辛苦，無私奉獻，但不接受背叛、不忠誠的婚姻，於是下定決心說：「我要離婚。」

「不可能。」丈夫悍然拒絕。

此後，丈夫還吃定了她不敢鬧大，對她的情緒總是冷處理。反正，家裡的經濟都握在丈夫手上，她名下什麼都沒有。如果離開的話，她將一無所有，包括孩子。

她只能整夜哭泣，連對女兒都不敢透露。畢竟丈夫的形象是那麼良好，沒有人會相信她的指控。

娘家一片沉默

她當然也去找了二姊理論。沒想到，對方比她還振振有詞，反罵她：「你沒念什麼書，長得也不怎麼樣，憑什麼嫁得比我好？」

「我們結婚的時候，他也是個窮小子啊！現在的規模是我們一起打拚出來的。我哪有嫁得比較好？」

「反正，你現在就是配不上他了。他愛慕我已經很久了，終於等到我離婚。好歹姊妹一場，我就不跟你爭名分，要走，要留，你自便。」

她呆若木雞，簡直不能相信這比電視劇還誇張的小三，竟然是自家姊妹。

她只好回娘家哭訴，找自家人主持公道。

沒想到兄弟姊妹都一片沉默，連最有資格教訓二姊的爸、媽都噤聲不語。

原來他們早已知情，卻都袖手旁觀、明哲保身，沒有一個人肯提醒她。

想到他們吃著自己煮的飯菜，閒話的恐怕正是自己時，她就無以為繼地徹底崩潰了……

她以各種方式自殺

吞安眠藥、割腕、跳河……她試過各種自殺方式，當每次被救回時，她就更痛恨這個現實世界。

背叛且毫無悔意的丈夫；遭遇人生困境，被她協助，卻趁機勾引她丈夫的親姊姊。不論是娘家父母，還是公婆，都是一副愛莫能助，不是勸她吞忍，就是對她說「原諒別人，就是放過自己」之類的大道理。

「原諒？『兩女共事一夫』嗎？」她嗤之以鼻。

她寧可折磨死自己。不吃不睡，半夜在外遊蕩，不顧自身安危。而丈夫，繼續呼呼大睡，正常作息，連擔心到報警都沒有。甚至，丈夫繼續與她二姊藕斷絲連，暗通款曲。

當她的娘家也是共犯時，人生還有什麼意義？

初聽她的故事時，我感到毛骨悚然。這比任何的鬼故事還恐怖，但卻活生生在人世間上演。

敵人的攻擊再兇猛，合情合理，也都是意料中事。最可怕的是「自己人」造反，直攻要害，讓人毫無招架的餘地。

身體的傷，財物的損失，都算事小，但心理上的創傷，卻讓人永遠無法再信任。從此心靈漂泊無依，才最可怕。

精神科醫師專業分析

為什麼她如此用心付出，卻反而遭遇到這種待遇？

她很善良，只是沒有提防到「人性」。首先，**「平白無故獲得的，不會珍惜」**。就像同樣的東西，是存錢好久才買下的，還是被人硬送的，這兩種，珍惜度絕對有差。

在一般的家庭裡，通常是長輩、父母照顧身為晚輩的子女居多，至於平輩的手足之間，則較少為彼此付出。既然沒什麼付出過，兄弟姊妹在各自成家後，對於她殷勤邀約的心意，又能夠感受到幾分？恐怕，覺得自己肯配合出席，就很給面子了。

畢竟這是她想要的，又不是他們想要的。**其他的兄弟姊妹如果想要的話，他們早就輪流主辦了，怎麼會只有她自己一頭熱**？既然如此，就算她出錢出力，做到油盡燈枯，又有誰會珍惜，甚至感謝呢？

女性別一味犧牲自己

再者，**「不要隨便犧牲自己。而如果對方沒要求的話，更不可能會感謝」**。例如，她放棄升學去就業，或許父母會了解她的貼心，但姊姊恐怕只當她不長進，從而看不起她，所以連搶走她的丈夫，也毫無愧意。

在婚姻裡，也是一樣。她不但很認分地扮演好妻子、好母親、好媳婦的角色，還將老闆光環、公司與房產的持分都讓給丈夫。丈夫會體念與感謝她嗎?當然不會。丈夫只是結個婚，平白就獲得她所有的付出。丈夫會忘記自己何德何能，只覺得理所當然。

丈夫到後來更自我膨脹，他將成就全歸功於自己很厲害，妻子是靠他養，完全抹煞了她的功勞。以至於後來更患了「大頭病」，覺得自己英明神武，怎麼就配個糟糠妻——「偷吃」只是剛好，沒有休妻重娶，就自認很有情有義了。

關係的「平衡」，不能單靠良心，而是靠「實力」

看到這裡，很多讀者，尤其是女性朋友，恐怕已經頭頂冒煙。覺得這實在太離譜，丈夫也太混帳。

但，現實世界就是這樣。大到國際局勢，下到公司治理，小到家庭、婚姻，任何關係的「平衡」，不能單靠良心，而是靠「實力」。

人的良心動不動就被狗咬，有人甚至直接拿去餵狗吃了。冀望對方的良心發現，倒不如培養自己的實力，讓人不敢昧著良心欺負你。**有實力，才能大聲說話**。沒實力，只能被追著打。

美國除了南北內戰，所有的戰爭都在別人的國土上打，就是因為國家有實力，誰敢問它的良心何在。就像家暴自古皆有，但可沒聽過女皇是被害人。除非，不想要項上人頭。

精神科醫師教你突圍

像她已經淪落到這種處境，還有得救嗎？當然有，只要還有一口氣在，通通有得救。人，其實就是一台複雜的機器，要運作良好，就得充分供電與適度休息。

我建議她，其他的，先不管。只管先吃、先睡，滿足身體的基本需求。**養好了身體，大腦才能正常運作，正確思考下一步**。

表面上，她失去了婚姻，連娘家都瓦解了，但她並非一無所有。她還有兩個女兒，以及還有她自己。

她的前半生因為策略錯誤，對夫家與娘家的投資，一敗塗地，但這並不該死，所以我勸她別再自殺了。即使是股神巴菲特，也有買錯股票的時候，何況是我們這種升斗小民。**只要認賠，停損就好。**

娘家的活動，別全攬在自己身上

我建議她，往後，只要娘家有重要的活動，就必須兄弟姊妹輪流主辦，別全攬在自己身上。就像大家需要輪流穿同一雙鞋，才能體會彼此的處境，進而珍惜，而不會隨便糟蹋對方的心意。

如果兄弟姊妹沒有意思主辦，那就停止吧！「**即使是一家人，也只是有緣出生在同一個家庭，有相處的機會，但不代表想法一致，觀念相同。**」**手足間不投緣的多的是，這並沒有對、錯可言。**就像自家的姊妹愛逛街，但我們卻偏愛宅在家裡，這沒有人有錯。一個人的珍寶，卻可能是另一個人的毒藥，所以，遇到別人不捧場，也別太挫敗。覺得「明明是好事卻不做，這樣不行……」其實，這是不是有可能只是自己太過獨斷，只以自己的價值來判斷呢？

丈夫呢？請冷處理

最後，我提醒她，「**有付出，就要讓對方理解**」。這不是邀功，或是「情緒勒索」，而是**要讓對方別當成理所當然**。

什麼都沒做，就被照顧與設想得好好的人，往往會變成廢物。不想養出媽寶，慣出妻寶，養出公主病女友，那麼，就別只會默默付出，而沒讓對方理解你的辛苦。

此外，《聖經》提到「不要把珍珠丟在豬前。」意思是如果對方是不知珍惜的蠢豬，那麼，就別給人糟蹋自己的機會，請趕快收回心意吧！

CP值太低，就要斷然認賠，拒絕再付出。所以，**她可以回去看娘家的父母，但兄弟姊妹就不用理會了**。

丈夫呢？那就完全冷處理，包括公司與家事，都不用幫他做了。如果要做，請丈夫給她公司股份、房屋持分、勞務費用等，請她千萬要拒絕當免費台傭。

至於夫家呢？丈夫都這麼混帳了，那些毫無血緣，也沒生養過她的人，就完全不用理會。

放下「好女人」的迷思

另外，**我請她謹記：「凡事先投資自己，絕對值得」**。試想，一張連你都不肯買的股票，還能期待別人追捧，股價飆升嗎？

這一個建議不是要你自私，而是要你給自己應得的待遇。例如：該得的薪水、應有的機會、應享的名聲、休假、物質享受……尤其是**女性朋友，常有「好女人」的迷思，誤以為自己只要夠好，對方就會主動奉上**。

請速速放棄這種妄想吧。人都是自私的，光顧自己都來不及了，哪有空去考慮別人。更何況，你只照顧別人，不肯照顧自己，不正默認自己毫不值得嗎？那麼，別人當然就順勢忽略你，自己全拿呀！

我對她說：「你做這些，都是為了你自己，更是為了示範給你女兒們看。女性的人生價值，由女性自己重新定義。」

如果，這時候她選擇自殺死了，那麼，她不就是在用行動告訴女兒，女人要是遇人不淑，婚姻受挫，就喪失活下去的資格？這難道是她願意展現的「身教」？

如果不是，那麼，在她勇敢推翻過往的執念，活出全新的自我之際，就是給女兒最佳的人生大禮──沒有過不去的痛苦磨難，只要心念轉。

孝道，是丈夫的責任，不是媳婦的義務

公婆滿意的表情，讓她深信「順從最省事」，就當自己是沒有情緒的機器人好了。

她向來自我要求高，不論是學業，還是工作，她做什麼都全力以赴。

論及婚嫁時，即使知道夫家住的是透天厝，計畫整修一層當他們的新房，不想讓小倆口搬出去住，她也毫不擔憂。

因為未來的公婆看來是和藹又明理的長輩。她相信自己只要夠努力，絕不會讓人有閒話可說。

模範媳婦

婚後，公婆對她頗為疼愛，彼此也還算相處融洽。

那時，她還常常覺得丈夫不惜福。在外勤快有禮，回家就攤成爛泥，公婆一碎唸他，就頂嘴。

有時，她善意提醒丈夫。丈夫還會虧她：「到底他們生的是『我』？還是『你』啊？！」

有幸遇到好婆家，她自是努力扮演好媳婦的角色。

例如，公公有糖尿病，怕血糖過低，不能挨餓，因此，她早上六點就起來煮早飯，讓公公用餐並確實吃藥後，她才趕去上班。

晚餐是婆婆煮的，但她都會洗碗、收拾廚房，洗晾全家的衣服後，才去休息。

週末的時候，她還會花上半天時間，將整棟透天厝掃、拖一遍。因為她在家打掃頻繁，公婆還私下懷疑她有潔癖呢！

有她分勞之後，婆婆樂得在週末，與朋友們約唱歌或出遊。甚至連公公要回診，丈夫推說工作忙，就是要她要請假陪同。

連在大年初二，為了讓公婆與所有子女團聚，她延到初三才回娘家。左鄰右舍前來串門子時，都很肯定她的賢良，直誇她是模範媳婦。

「媳婦」永遠不會成為「女兒」

但久了之後，她逐漸了解到丈夫終究是公婆的兒子，而自己永遠不會是女兒。

丈夫可以睡到要上班才起床，而她卻總得早起做飯，畢竟公婆都端坐在客廳邊看電視邊等著。

她即使工作再累，週末照樣得大掃除，因為婆婆三不五時就抱怨哪邊有點髒亂，暗示她去處理。

丈夫偶爾會分擔，但丈夫認定這是她的本分，自己只是「幫忙」。丈夫一邊做，還一邊自誇是「新好男人」，她嫁到他很幸福。

但，真的幸福嗎？她愈來愈懷疑。

如果娘家與婆家的習慣不一致，永遠是婆家的對。她在這種狀況時，都選擇默默吞忍，照他們說的做，而公婆滿意的表情，更讓她深信「順從最省事」，就當自己是沒有情緒的機器人好了。

娘家被批評

然而到後來，公婆常常忘記她就在旁邊，與親友聊天時，批評起她的娘家。好像她嫁過來是脫離苦海，獲得拯救似的。

才不是這樣。她自覺在娘家過得很幸福，反而是婚後，才變成婆家的免費勞工。不但要做家事，加上各種任務，而且還要繼續上班，她簡直累慘了。

她其實很想對丈夫吼：「到底他們是『你』的爸媽？還是『我』爸媽啊?!」

雖然婆家的親友離去時，照樣稱讚她是好媳婦，但卻多了份「原來是娘家不好待，能嫁來這裡可要感恩」的眼神，氣得她快要內傷。

當婆婆餵寶寶吃不明藥物

硬被這樣吃豆腐，她也忍下來了。

然而，作為一個好媳婦，生金孫給公婆抱最重要。還沒懷孕前，整天聽婆婆說誰家媳婦生了，弄得她患得患失。房事也變成了任務，毫無樂趣可言。終於熬到生下寶寶，婆婆卻只肯照顧寶寶白天，所以她一下班，就得趕回家接手。

晚上，她除了忙家務，公婆時不時還指揮她該如何照顧寶寶，而丈夫卻像沒事人一樣，吃過飯，躲回房間看電視。

她所有的都能忍，但某天赫然發現婆婆餵寶寶八寶散。那一種來路不明，可能含有重金屬的東西，她哪能坐視。

向來溫順的她，立刻抱走寶寶，還差點打翻婆婆手中的藥罐，氣得婆婆到處找人投訴。

想當然耳，輿論都往長輩那邊一面倒。

丈夫認為婆婆不可能會害寶寶，要她別那麼神經質。但她以人母的立場，怎麼可能明知有風險，卻置之不理。

她持續堅持拒絕讓寶寶吃八寶散之後，沒想到，鄰里間對她的評價急轉直下，她已被傳成忤逆長輩的悍媳。

精神科醫師專業分析

兩個人相愛而結婚後，應該要平等互惠的，但在過往的父系社會中，婚姻關係並不對等。

女性需要移居男方家，從此屈居劣勢。以至於通常只會聽說誰家的媳婦怎樣，卻鮮少有關於對女婿、公婆的批評。

我相信許多已婚女性都深感不平。**為什麼結婚之後，丈夫的生活幾乎沒受影響，就像單身時一樣的輕鬆，而自己不僅要適應夫家，還得承受婆家的要求、旁人的議論。**

以往女性的弱勢，源自於經濟問題

往昔女性的弱勢，源自於經濟問題。由於婚後得靠夫家維生，因此只能仰人鼻息。然而現代社會早已不同，女性的教育程度與收入，已與男性平分秋色。

如果想要求女性扮演好人妻、人媳、人母，那麼，是否也該同等要求男性做好人夫、人婿、人父的角色？

如果只要求女性，那麼，後遺症就是男性角色因此弱化，被養成媽寶、妻寶。

以上述案例為例，她丈夫就因為不需要離家，被父母維護著繼續當兒子，甚至還因老婆自我要求高，理所當然地將「孝道外包」，光享權益，而毫無責任感，最後更缺乏為人夫、人父的擔當。

失衡的關係很難長久維持，況且，「姻親」是由婚姻而衍生的非血源關係。如果兩人離婚，姻親關係即刻消失，所以，可**別誤將「名分」當成特權**。姻親應該建立於彼此「尊重」，關係才能長久。

將公婆定位成丈夫的父母，尊重與和睦相處即可

她當初結婚的初心，應該是想與丈夫建立家庭，可不是想到他家做免費幫傭。

因此，**住進夫家之後，她應該分擔只有所住房間的一半租金、一半的保母費、四分之一的家事與開銷**。

我建議她，將公婆定位成丈夫的父母，尊重與和睦相處即可。**認清所謂的「孝道」，那是丈夫的責任，不是她的義務**。

如果能夠做得剛剛好，也不閃躲應付的費用。在平衡的狀態下，自己不會過勞或內心不平。而對方習慣後，也不會要求愈來愈高。

承受他人水漲船高的期許，是相當危險的，因為期許終會超過個人的負擔，違背個人的意志。稍有不如預期，就會被打成劣等。

如果從一開始就堅持剛好及格的表現，那麼，反倒不會被對方軟土深掘，甚至做得雖多，卻反被嫌棄愈多。

她的委屈，是來自於當「好媳婦」的期許

況且，有人要求她當「好媳婦」嗎？那或許只是她個人想要的形象罷了。她因此而退讓、隱忍，掩藏真心，扮演起婚姻的受害者，卻害別人以為她甘之如飴，沒有顧忌地將事情都丟給她，最後變成了加害者。

她恐怕沒想到自己的委屈，竟然是來自於當「好媳婦」的期許。這種犧牲自我，以討好別人的事情，最後往往划不來。

在婚姻裡，承受委屈與自我壓抑，只會愈來愈不幸福。空有「好媳婦」的名聲，根本就不受用啊！

如果她想從現在起「為母則強」，決定放棄好媳婦的迷思，那麼，她該如何扭轉局勢呢？

她拿出原本該付給公婆的費用

首先，既然有收入，該給的錢，就應該先交出來。別怕公婆嫌自己見外，請記得老人家常常是心口不一的。

我聽到婆婆最常抱怨媳婦的是，住家裡，卻不給錢，要人幫忙顧小孩，也不給錢，凡事都要長輩出錢、出力。

父母或許可以忍受兒子啃老，但媳婦又不是自己生養的，哪有立場同住不給錢，也不做事。

但**要是媳婦先拿出該給的費用，公婆自然沒話可說**。公婆嘴巴會嫌見外，但看到鈔票，其實誰都內心欣喜。因為自己的付出被肯定了。

讓丈夫開始分擔勞務

再來，她要讓丈夫開始分擔勞務。不能趁她在忙就逃脫，置身事外。例如，當她負責晚餐的善後時，他就該去洗衣、晾衣，然後兩人分上下夜，照顧寶寶。她這個外人嫁進來都懂得要分擔，他**身為兒子的，更應該負起人子與人父的責任**。

通常，男人會對父母耍賴，但對老婆的要求卻不敢不從。因為父母怎樣都會忍受他，但老婆可是會制裁他。

拒做不應負擔的事情

最後，就是拒做不應負擔的事情。既然寶寶出生了，她就能以顧寶寶但又要早起做飯，會嚴重睡眠不足，影響工作為由，將料理早餐推回給公婆。

況且，她根本沒空在家裡吃早餐。需要吃早餐的人，應該自己煮。

如果公公不肯自己煮，那麼這就是婆婆長期寵壞的。婆婆要不繼續煮給公公吃，要不訓練公公自己煮，就由公婆他們自己決定該怎麼辦。

換附近的保母帶

關於八寶散或其他的事情，如果長輩就是不肯改呢？既然婆婆白天幫忙帶寶寶是「有給職」，那麼，該如何照顧，就應該遵照付費者的指示。這也是媳婦主動付保母費的優勢，否則免費的服務，實在沒有立場能挑剔。

如果婆婆還是堅持己見，最後的方案，就是換附近的保母帶。反正花費一樣多，只是接送就多花點時間，但保母絕對會遵照家長的指令。

有很多的爸媽總覺得自己人帶小孩比較安心，不會虐待小孩，其實這也是一種迷思。請想想，婆婆都想擅自餵八寶散了，其他自作主張的恐怕不會少吧？

仗勢自己是長輩，出發點是良善的，就完全不需要參考孩子父母的想法。這樣，哪有比專業保母安全？

如果她有換保母的備案，那麼，就可以放心給長輩洗腦了。

例如，**列印出八寶散的負面新聞，再放在客廳茶几上，或將新聞、醫藥衛教文章的連結傳到Line群組，讓對方看到。**

通常最有效，但需要花一點功夫的是洗腦長輩身邊的重要人士，例如小姑、左鄰右舍的婆婆媽媽等。對小姑，或左鄰右舍的婆婆媽媽，說明哪一些東西可能為害小孩的成長，再由她們去說服婆婆。

媳婦講的內容，或許婆婆會嘴巴硬，拒絕參考，以免滅了自己的威風，但自家女兒或姊妹淘所說的，她通常會聽得進去。

如果這些都行不通，那就換保母帶了。

因為一提到換保母，有些婆婆會因為捨不得寶寶，反倒肯屈服了。

若都不行，請搬出去住

如果還是都沒有用，那麼，就真的送去保母家，然後開始存錢，做好搬出去外面住的準備。

因為**無法溝通的長輩，還是得早早分開住，靠距離來產生美感與尊重**。

如果她什麼都不計較，也不覺得委屈。她願意繼續當好媳婦，這就沒關係了嗎？

不該因為乖順，而失去自我

不，事情永遠沒那麼簡單。即使她個人願意，但**失去自我，依然相當危險**。

因為面臨劇烈衝突之際，人終究要回歸自己的真心，以做出最有利的抉擇，而沒有自我的人，則會無所依從。

就像她當慣了好媳婦，在變成母親之後，當她在應該保護寶寶避免涉險，還是選擇順從婆婆這兩者之間做抉擇時，如果她沒有保有足夠的自我，根本無法做出正確的決定。

或許你會覺得很荒謬，這有什麼好遲疑的？小孩根本沒有足夠的自我保護能力，母親當然要衝到最前面去保護孩子啊！

如果事情這麼簡單，為什麼還有女人肯讓公婆長期霸占小孩，導致親子隔閡，也不抵抗？甚至默許丈夫或同居人虐待或性侵自己的孩子？那正是沒有自我、太過乖順、害怕違背別人意思的負面效應。

遇到該決斷時，只會屈從，無法堅持正確的作為，最後不只無法阻止他人的愚蠢，也會助長有心人的邪惡。

所以，即使自認可以做好媳婦、做乖順的妻子，也千萬別這樣選擇。

人生在世，應該聽從自己的內心，做真心想做的，才不會老來後悔當時沒有多堅持一點。

新手媽媽如何從公婆手中，拿回育兒主導權？

「我想回娘家……」她抗議。

「這是我們家的長孫，不讓我爸媽就近看著，很不孝耶。」丈夫回應。

她的個性獨立又有能力，一向清楚知道自己想要什麼，並且努力付諸實踐。

結婚後，她依照原訂計畫，懷孕、生產、請育嬰假……因為她相信人生要圓滿，事業與家庭必須兼顧。

一連串的失控

她信心十足，認為自己準備周全，只需要按表操課即可，卻沒想到寶寶提早十天報到，引發後續一連串的失控。

最初是出院時，原訂的月子中心沒有空床，讓她提早入住。丈夫本來就不想讓她去月子中心，此時，正好順勢將她與寶寶帶回婆家去。

「我想回娘家……」她抗議。

「這是我們家的長孫，不讓我爸媽就近看著，很不孝耶！」在孝道綁架下，她抱著寶寶走進婆家，關在房間裡，遵照古法坐月子。

丈夫雖然向公司請了陪產假，且加上年休假，但丈夫總是在看電視、滑手機，與自家人聊天，放她一個人照顧寶寶，哪有真心想幫忙。

即使將寶寶交給他，丈夫也只是把寶寶擱在身邊放著。只要寶寶一哭，就抱給她處理。她覺得丈夫根本沒有幫到忙，她還是好累。

她無法參與寶寶命名

幾天後，公公竟然喜孜孜地拿著紅紙進來，對她宣布寶寶的名字，而命名的過程，她完全沒有參與。

「我爸連我都沒問啊！你就尊重他老人家嘛……」從丈夫的回答就知道，他根本不以為意。

但，她心裡非常難受。明明懷孕、生產的是她，而寶寶出生就跟丈夫姓，連寶寶的名字都還是公公決定的。那麼，她到底算什麼呢？

她成為孤島

娘家的爸媽一來探望她，就被婆婆拉著，講自己照顧得多好，燉這個、煮那個，好費工。

她聽著卻覺得不舒服。她想要的是正常食物，她討厭那些重複又油膩的食補，加上鮮少蔬果，她都便祕了。

但畢竟是在婆家，她的爸媽愛莫能助，只能放下慰問品，就速速離開了。而朋友們則因為她在婆家，沒人敢上門探訪。

她從沒料到，生個小孩，竟會讓自己變成孤島。

然而，公婆家的親友倒是川流不息。婆婆嘴巴上要她多休息，但哪一個親戚來看寶寶，她不用出來打招呼？看著那些叔公、嬸婆……顫抖地搶著抱寶寶，她就好擔心。生怕老人家手一滑，寶寶就……而且，這麼多人講話噴口水，還對寶寶猛親，細菌、病毒滿天飛。光想像，她就要抓狂了。

但更可怕的是，三姑六婆一聽說寶寶餵母奶，就問說這樣喝多少，看不到，怎麼知道量啊，還是應該要喝牛奶，比較營養……

婆婆只是說：「現在年輕人流行啊！以前窮，才喝人奶。而且現在還有『育嬰假』，她還有錢不賺呢。」

「這樣不對。應該趁你還帶得動，小孩讓你帶，年輕人回去上班賺錢。真是不會想……」

她在房間裡聽到婆家的親友們七嘴八舌的議論，氣到眼淚都快滴下來。

公婆責備她奶量不足

更嘔的是，因為她餵母奶，所以只要寶寶一哭，公婆就認為寶寶是肚子餓。其實，寶寶有各種的理由會哭，但公婆卻只有一種解讀，只會譴責她的奶量不足。

甚至，她吃什麼都要以寶寶為第一考量，諸如：能發奶的，不會引發過敏的……

而不是她的喜好或需要。把她當成「乳牛」在對待。

公婆有時會把寶寶抱去客廳逗玩，但只要寶寶一打個噴嚏，公婆就會急忙喚她來添衣。

她不解，明明寶寶只是鼻子癢。是要將人包成肉粽？不怕中暑嗎？況且，寶寶的衣服就在旁邊，如果覺得涼，就自己動手幫寶寶穿啊！

當年兒女都是親手養大的，為什麼碰到孫子就要擺架子，出張嘴，使喚媳婦去做？

丈夫完全置身事外

長期睡眠不足，加上這些不快，她在丈夫下班時，常常跟他爆發：「小孩是兩個人的，為什麼全都沒有你的事？」

「我在工作啊。」丈夫覺得自己超委屈。

「你有下班時間。回家的話，你也要顧。」

「我下班要休息啊！」

「我也要休息啊……」她哀號。從寶寶出生後，她從來沒有一天一覺到天明。

「你又不用工作，只是帶個寶寶，還不用煮飯、做家事，很輕鬆啊！白天寶寶睡，你就睡，不就得了？」

「說得那麼簡單！那你來顧寶寶，我去上班。」她大喊。

「我不要～」他倒是拒絕得乾脆俐落。

夜深時分，丈夫呼呼大睡，寶寶還是黏在她身上。

她打開丈夫的手機，寶寶的照片已經取代她與丈夫的合照，成為待機背景。丈夫的臉書動態裡，也全是寶寶。

她變成徹底的隱形人了。

精神科醫師專業分析

新手媽媽常常會感嘆，為什麼大家都只看見寶寶，自己彷彿變成了隱形人！

雖然沒有人因此後悔生小孩，但她們總想不明白，是自己太敏感？還是就像老公說的，是自己想太多？不過，依診間裡的會談經驗，這其實太常見了。

至於原因，可能有下列幾點：

新手媽媽要勇於開口表達

首先，**沒有人忽略新手媽媽，只是不會刻意去關切**。棘手的寶寶就卡在眼前，而媽媽至少是大人了，如果真的有什麼需要，應該會自己講吧，難道還要人晨昏定省？所以，**媽媽只是被寶寶優先了**。因此，我建議新手媽媽如果有任何需求或想法，自己要開口表達。

然而，也可能是刻意忽略。畢竟，傳統觀念常以為女人當媽媽之後，要為子女犧牲，隱忍自己的需要，才能顯出母愛的偉大。如果還想顧念自身，就是自私。因此，或許為了成就母職的偉大，旁人會有意無意地無視人母，傾向將她視為孩子的附屬品。

不過，**更可能的是，根本沒人有空想到她**。為什麼沒有呢？畢竟，「凡事先想到自己」才是人性。例如，她的公公，首度升格當阿公，高興到昏頭。他只想到當年怎麼幫小孩取名字，所以就跑去找命理師。

他沒意識到取名字是父母的事，自己已是阿公，除非被父母拜託，硬幫小孩取名字算是越權。

而婆婆也只能依照當年自己坐月子的方法，幫她準備，哪有可能還去看書、上網查新知，改良她的坐月子方式。

至於三姑六婆的評論，純粹是聚會社交所需，反射性的附和、閒扯罷了。這類閒話活像牆頭草，風往哪一邊吹，話就往哪一邊偏，完全不負言論責任。

至於躺在旁邊打呼的老公呢？老公當然希望老婆可以搞定全部，自己的生活完全不需要改變，他只要當個現成的爸就好。

女性要拿回主導權

對這一群哀怨的新手媽媽，我只能殘忍地先潑盆冷水，請你們醒醒吧。雖然，全家都很高興寶寶的出生，但其實卻又希望照顧寶寶是新手媽媽一個人的事。

所以，請別再期待有人發現你「識大體，在隱忍」，而替你出頭，去改變這一切。**如果你是一位覺得因為自己做得夠好，所以應該有人為自己挺身而出的新手媽媽，請放下這一種迷思。**

你的困境，只能靠自己救。沒有吃飽太閒的勇者會來幫你打大魔王的。

唯一的解法，就是拿回「主導權」。與其怨嘆被無視，不如直接講出自己的需要，主導整個局面。**需要什麼，就直接講，不要等人發現，不要等別人猜到**。雖然寶寶無法說話，但媽媽可以的。女性可別當了媽媽之後，就跟著寶寶化了。

讓丈夫實際分攤育兒

例如，當你真的很累，需要休息的時候，可別只會抱怨累、哭泣、摔東西、暴躁，這種行徑與不會講話的寶寶一樣。**新手媽媽需要清楚地表達自己需要「喘息時間」**，而「喘息時間」是從幾點到幾點。

在這段時間內，請爸爸將寶寶帶出去房間，不論任何原因，都不准進來打擾媽媽補眠。或是，讓新手媽媽外出散步，爸爸自己在家帶寶寶，且不准打手機求援。對新手媽媽來說，最好是她帶手機出門，但關機。媽媽可以單方面主動聯繫，但爸爸不可以打擾或打斷媽媽的休息時間。

這樣清楚執行幾次下來，新手媽媽會發現自己經過充電後，耐心與脾氣都變好了，而老公的育兒技能，也成熟了一些。

當然，**如果與公婆同住，就要特別提防他們因為心疼，而想出手救援。此時，絕對要堅定勸阻**。

可以試著向公婆說明，必須趁機讓丈夫體會小孩有多難養，丈夫才會體會父母的恩情，將來才會對公婆孝順，因為「養兒方知父母恩」。這也是對長輩的一種機會教育。

精神科醫師教你突圍

回到上述案例，如果這位媽媽實在不喜歡公公為寶寶選的名字，那麼，該如何翻盤呢？

其實，只要還沒去戶政單位登記，無論是誰說的都不算。何況，硬摘的果子不會甜。寶寶的爸媽如果不喜歡這名字，以後還是可以幫寶寶改名，而如果寶寶不喜歡自己的名字，長大之後，也會自己去改名。所以，**建議父祖輩也要看開一點，別堅持小**

孩的命名權。

一個人決定寶寶的「姓」，另一個人決定「名」

「或許，你可以與老公討論，懷孕、生產，自己其實非常辛苦，但你也知曉先生無法幫上忙，所以為了公平，寶寶的姓名是否可以一人一半？」我建議。

「一個人決定一個字嗎？意思是我可以爭取到一個字嗎？」媽媽的眼睛閃爍光芒。

「不是。姓名各半，是一個人決定『姓』，另一個人決定『名』。如果堅持要用公公取的名，那麼『姓』就跟你。看他們要選哪一種？要『姓』？還是要『名』？不可能小孩你生得那麼辛苦，全都是照他們的。知道了嗎？」

會自己跑去幫孫子選名字的公公，通常很傳統，也絕對更重視姓氏的傳承。所以，這個反擊策略是以無人能反駁的「公平」，突顯出公公的霸道，以及對於兒子與媳婦的不尊重。

我覺得**只要她肯好好地講出自己的原則**，對方會因此而撼動，也漸漸知道她的底線，之後就會愈來愈少出現這一類踩到痛點的行為。

教丈夫成為育兒的神隊友

至於育兒大業的終身隊友丈夫，就要看她怎樣調教了。如果教得好，是神隊友，如果放任不管，就會變豬隊友。

前文所提到的，清楚而堅定地要求丈夫分擔照顧小孩，以及讓丈夫慢慢練習，成為能獨立搞定寶寶的爸爸。

再來，她也可以要求丈夫，如果出去玩，就要帶全家；手機照片放她與寶寶的合照；臉書動態以家庭為主……**她需要對丈夫說清楚自己的需求**。

如果太太這樣就會高興的話，丈夫通常會如釋重負，他們會樂得照辦。對於丈夫來說，一旦養成習慣，往後就成了自動執行程式。

老婆不需要委屈當隱形人，拿回主導權，自己當勇者，就能變回最佳女主角。

這是性侵，不是愛

請別再教育女孩要順從、乖巧。
要給女孩思辨能力，才能免於被人洗腦與控制。

「其實，我是被男友性侵之後，才開始跟他在一起的。」

在幾次的診療後，或許因為當時狼師誘姦女學生的議題正熱，憂鬱的她，突然拋出這一個祕密。

之前，我只是聽她苦於男友用情不專，屢屢偷吃、搞失蹤。我怎麼也沒想到這一對「情侶」的真相，竟然是性犯罪的「加害者」與「被害者」。

她覺得自己已經壞掉了

回想起當年，她過著平凡的高中生活。上課打點瞌睡，下課與同學胡鬧，週末則與朋友們約出玩，享受著青春歲月。

在一個平常不過的起鬨下，眾人提議要前往某個男生家裡的小別墅，然後在家庭電影院裡看ＤＶＤ。她心想可以省電影票，就說要跟。

那天，她是第一個到的。他給了她一杯雞尾酒。她心想反正其他人就要來了，況且是自己同學給的，應該沒問題。

在她喝完之後，他提議先帶她參觀環境。她邁著輕飄飄的腳步，不疑有他地跟著走進黑漆漆的地下室，接著，事情就發生了。

震驚、恐懼、屈辱、疼痛……混雜著，她拉著衣服，跌跌撞撞地逃出他家。深怕他會追上來，她連包包都不顧拿了。

她狼狽地步行回家，直衝浴室，努力地搓洗。希望洗掉身體的髒汙，但創傷的記憶，卻怎麼也洗不掉。

她裹著厚厚的棉被，窩在床角。她覺得自己已經壞掉了，乾脆消失算了……

她的自我安慰

她曠課三天，終於在家人催促下，勉為其難去上學。他拉她到隱密處道歉，很愧疚傷了她。他說自己只是情不自禁。

「你喜歡我？」她問，而他低下頭。

那就是「默認」吧。因為太愛她而失控，或許這也是情有可原。他應該還是善良的，只是不善於表達。

她本來就是個心軟的人，也認為人性本善。因為他的態度放軟，且有悔意，她原諒了他。

或許是為了彌補她，他開始頻繁帶她出遊。他表現得溫柔體貼，很珍惜她的樣子，但後來都是帶她去開房間。

「這就是大人的交往吧……反正我們是男女朋友了。」她自我安慰著，忍耐著他的親密行為。

但在高中畢業後，他卻銷聲匿跡，無影無蹤。她曾經瘋狂地找他，但沒有同學知道他的下落。

被擺布的禁臠

在她開始工作後的某一天，手機響起一個未知的號碼。她隨手接了起來，竟然是他。他若無其事地問候，彷彿兩人還在交往，昨天才見過面似的。

她知道自己不該去見他。果然一見面就回到當年。她又成了隨他擺布的禁臠。

後來因大哥結婚需要一間新房，他知道她得搬到外面住，便邀她搬去與他同居，讓她省房租。

既然都一起住了，那麼，應該是認定她了吧？

即使她剛開始並不喜歡他，但如果他愛她的話，她也能接受這樣的幸福。

然而，他除了偶爾哄哄她，索討性關係之外，總是行蹤不明。

他自稱做業務工作，所以得四處跑，要她別管他去哪裡。到後來，她簡直成了他的管家，負責看家與清掃。

但相處久了，他說話卻愈來愈毒。說她既笨又醜，沒人追，只有他不嫌棄，他就當成做資源回收。

她難過到掉眼淚。他卻只是滑著手機，表面上說在談公事，但他那種邊打字邊笑的神情，想也知道對象是外頭的女人。

因為他總是不戴保險套，她因此墮胎好幾次。她身體變差，更擔心自己將來會不孕。

前些日子，她發現自己又懷孕了。她好想結婚，生下這個寶寶。

沒想到，他冷冷地說：「我都這麼久沒碰你了，確定是我的種？」

她滿懷屈辱，只能忍著心痛，再度拿掉小孩。當她術後躺在病床上時，竟然還聽到他用手機與女人打情罵俏。

她扯掉點滴，掙扎下床，去拉著他吵。

第一次見她這樣爆發，他又驚又怒。把她帶回家後，一個多禮拜都沒回來。

像垃圾一樣，被丟棄

終於盼到電鈴響了，開門之後，竟然是他的父母衝進來咆哮大罵，說她不知羞恥，死巴他家兒子，硬要進他們家的門，想要霸占房產。所以，他們現在就要把房子賣了，叫她滾蛋。

第二天下班時，她赫然發現自己的物品全被丟到公寓門口，而門鎖已經換過，鑰匙打不開了。

她絕望地猛打他的手機，但永遠是拒絕接聽，連傳給他訊息，也是不讀不回。

他又再度人間蒸發了。

「十年來的隱忍與付出，我到底算什麼？我就像是垃圾一樣，被丟出來了……」她就這樣被拋棄了，再怎樣痛哭，也沖淡不了痛徹心扉的悔恨。心碎的聲音在診間裡迴響著，久久無法消停。

精神科醫師專業分析

「性侵」的本質並非「性」，而是「暴力」。但因為社會忌諱談性，往往把性侵當成醜聞掩蓋，讓性侵被害者難以透過法律伸張正義，甚至無法接受治療，以至於留下長遠的創傷。

在台灣，遇到性侵事件時，因為社會「欺善怕惡」的習氣深重，對於陌生人隨機加害的案件，討論到後來，往往變成「檢討被害者」，而**熟人犯案的，因為怕得罪人或嫌麻煩，常常以淡化、合理化來處理，安撫受害者：「他只是跟你玩。」「他應該只是不小心，他不是故意的。」**於是犯人常能逍遙法外，而暗夜哭聲，從未停歇。

受害者千萬別再「自我檢討」，不是你的錯

突然遭受同學對自己性侵，她除了震驚與痛苦外，還更困惑。「他為什麼要這樣對我？我做錯什麼？」

受害者千萬別再「自我檢討」。犯罪者難道是正義的化身，專門懲奸除惡，找上你，是因為你做錯事？當然不是，而是他想犯罪。

有點腦袋的犯罪者挑善良的弱者，才好順利得手，又不被反擊。所以，受害者除了長相善良，體格不夠強悍之外，有什麼好檢討的？

如果是熟人犯案，犯罪者還可能找個「藉口」來幫忙解釋。尤其對年輕女性，以「愛慕而控制不了衝動」來合理化罪行，帶有點正面肯定的感覺，常讓人聽了就心軟。

原來對方是喜歡自己、愛慕自己的，受創的自我受到些許撫慰。之後，犯罪者再灌些迷湯，**「犯罪」就被包裝成「追求手段」**，彷彿受害者再追究就是不近人情、不識抬舉了。

不斷貶抑她，讓她毫無信心，更無法離開

她的狀況類似「斯德哥爾摩症候群」，被害者選擇無視對方的暴行，竟還認同加

害者，甚至為其辯護。

但還不只這樣，要在行動自由的狀態下長期奴役她，還要配合「洗腦」貶抑她，讓她沒自信到不敢離開。

且隨著時間愈久，她的沉沒成本愈高，愈不能承認自己選擇錯誤，人生一敗塗地。他的手段相當惡毒，哪有一丁點的愛可言？

而這樣的壞人原來是個媽寶，不想負責就躲起來，請出父母來扮黑臉。但也讓人秒懂，原來有這樣不問是非又護短的家長，才會養出這樣的人渣。

她還想結婚、生子的話，這一家子既自私又無良，她被兒子纏上，已經倒楣十年了，若真的再加上他父母，她這輩子可能就真的毀了。

被他們拒於門外，絕對是塞翁失馬，否極泰來。

精神科醫師教你突圍

遇到暴力事件，首要的是保護生命與減少受傷，而在脫困之後，就是要「保全證據」。

若遇性侵，請直接到「醫院驗傷」，並提告

尤其是性侵案件，受害者常出於反射，躲回家，反覆洗澡，等到決定提告時，卻苦無證據。正確做法應該是直接到「醫院驗傷」，並明確告知自己受到性侵。

層級夠高的醫院，都有標準流程，可以照相、採檢體、製作病歷，通報社工，提供諮詢，協助報案。

為什麼一定要蒐證、提告？主要是讓加害者得到教訓，讓他知道還有法律在，害人是會受到懲罰的。**隱忍就是製造更多受害者**。提告不只是為自己，更為保護其他人，是相當高尚的情操。

比起身體的傷害，性侵造成的心靈創傷，更難癒合。此時，必須會診精神科，讓受害者立即服用「抗憂鬱劑」治療，這通常能削弱其腦部「創傷記憶」的強度，減輕痛苦，而且能一併處理焦慮、不安與失眠，讓受害者比較容易度過危機。

後續還需安排「心理治療」，由治療師與受害者單獨會談。重建受害者的人格與自信，重獲安全感，恢復對人的信任。整個治療時間，可能需要花費數年之久。

性侵能造成人格全面的摧毀

總之，**遭受性侵並非一句「你就忘掉嘛……」那麼簡單。絕對別對受害者這樣講，這輕描淡寫的背後是極度的殘忍。**

性侵會對人格造成全面的摧毀，讓被害者的世界整個崩塌。如果沒有妥善的治療與心理重建，任憑受害者躲在暗處舔傷，最後不是帶著創痛度完餘生，就可能是尋短，以求解脫。

再來，就是「**遠離加害者**」。當加害者是熟人，例如親戚、鄰居、同學等，如果不報案，並聲請保護令，對方很可能因為同處一個生活圈，依然能就近向被害者求情、恐嚇或威脅，企圖躲避刑罰。

曾有病患被加害者的妻子謾罵，說她勾引自家的老公。當遇到利益衝突時，人心能有多險惡、多護短，可見一斑。所以，離加害者愈遠愈好，避免再受傷害。

像上述案例裡的她，遇到的加害者就以「感情」為幌子來蠱惑、洗腦她，讓她變成自己能操控的性奴。

他不愛你，只是奴役你

其實，在沒被掃地出門前，她也知道應該分手，因為與加害者交往簡直是瘋狂。可是，**她最大的疑惑是，「你們都叫我離開，但我要怎麼離開？」長期以來，她已經被灌輸「自己很糟，離開他，不可能更好……」的想法，讓她根本不敢去考慮其他的選項。**

我對她說，首先就認清「世上真的有壞人」吧，而且「你就只是運氣不好，遇上了壞人。**他說得再天花亂墜，還是一個傷害你，只為了滿足自己的壞人。他只愛他自己，根本不愛你。**放棄人性本善，你能拯救他，等待他良心發現，改邪歸正的妄想吧！」

戳破自欺欺人的假象，會讓人很痛苦，但，這是自救的開始。

「放棄是為了得到」，別浪費時間在渣男身上，因為讓渣男占據身旁的位置，即使好人出現，她也看不見，也沒有位置給人家。

所以，她這麼久以來，沒有更好的對象，絕對不是她的條件不好，而是旁邊有個衰神。就像店門口拴了一隻惡犬，生意鐵定差透了。

然而，為了繼續利用她、奴役她，加害者會說實話嗎？他用言語損她，就是希望她的自信低落，相信自己糟到去哪裡都一樣，只能認命接受這樣的對待，猶如戴上無形的手銬與腳鐐。

這樣就能低成本奴役對方，榨取好處，得了便宜還賣乖。所以，他絕非自稱的救世主，根本是吸血蟲——不甩掉，她的好運不會來。

況且，即使一個人過，也遠比跟一個渣男在一起好。她有專業、有正職，根本不用怕離開。說穿了，**她根本不需要他。她往後所要做的只有——鑑別出真心愛她的人，並給予對等的回報**。

何必苦於自己得不到他的愛？這世界上，絕對有人不愛我們的，就像我們也沒有博愛到每個人都愛啊！

所以，遇到不愛我們，甚至惡意傷害我們的人，不用訝異，也不需企求，就當運氣不好，躲遠一點，換與別人打交道就是了。

我寫這一個案例的目的是，請別再教育女孩要順從、乖巧，那可能會害了她的。要給女孩自信與思辨能力，這樣才能免於被壞人洗腦與控制。

我們傳統的教育模式會讓女孩們像上述案例裡的她一樣，即使念到大學，也還是無能自我保護，更何況，狼人還可能躲在校園裡，披著老師、同學、學長的外皮，虎視眈眈地尋找下一個獵物……

公婆斷送我兒子的未來

那看似純樸的公婆，閒暇之餘竟然都在簽牌。
從大家樂簽到六合彩，十賭九輸……

她雖然沒有高學歷，但因為入行早、工作勤勉，在那個經濟起飛而開始注重下一代教育的時代，把私人的小托兒所，經營成頗具規模的雙語幼稚園，人稱「園長媽媽」。

在台灣，幼教這行業的特點就是，老師的薪水普遍不高，但收費卻逐年攀高。中間的利潤都到哪裡去了呢？所以，即使園長媽媽總是打扮得像隔壁家的大嬸，為人親和，但鄰居都猜想她絕對資產豐厚，只是為人低調罷了。

然而，園長媽媽並非低調，她根本是心情低落。

最近，雙胞胎兒子想出國留學。聽著兄弟倆討論著想留學的國家、學校、科系、未來前途與發展，她心裡卻只盤算著一個「錢」字。

說出來沒人會相信，自己會擔心錢?!她開的幼稚園就像台印鈔機，每學期大筆的註冊費，外加固定的月費，乘上學生的數量，營收數字可觀。

加上房產是早年就已購置，扣除凍漲的人事費用，只有賺到不要不要的，哪會無法讓下一代出國深造？

除非，她有不為人知的地方在「漏財」……

故事要從結婚後說起。她的丈夫是基層公務員，兩人在市區定居，婆家遠在兩小時車程外的小鎮上。

公婆平日務農兼做點小工，雙胞胎出生後就託在婆家，她才得以專心發展幼教事業，甚至當兒子們大到回來上小學時，婆婆還跟過來住了一、兩年，讓他們順利適應新生活。

在這一點上，她對公婆很是感念，所以當丈夫開始不交出薪水，而拿回去孝敬公婆時，她沒有二話。

可惜，事情沒有那麼簡單。

瞠目結舌的事實

某一天，她偶然在丈夫的桌上看到一張催繳通知，赫然發現他竟然去辦了信貸。

「有外遇了？」恐怕每個女人的直覺都是這個。

然而，逼問丈夫之後，讓她更傻眼的事實是——那一對看似純樸的公婆，閒暇之餘竟然都在簽牌。

公婆從大家樂簽到六合彩，金額愈賭愈大，因為十賭九輸，所以財務缺口大到需要向兒子求救。

她丈夫的薪水不夠用，只好以公務員的身分去辦信貸來支應。

「貸款是不用還嗎？你有額外的錢，可以付嗎？」她問他。

想當然耳，丈夫沒有還款能力，只能以債養債，因此多家銀行借款到東窗事發。眼看利息愈滾愈重，卻無能為力。

吵完了架，她嘆了口氣，只能提錢去還清借款。

畢竟以往有受過公婆的幫忙，身為晚輩的她，不好回去抱怨。她只盼事情就此過去。

公婆知道是媳婦幫忙還債之初，收手不賭了一陣子。但，聽多別人的討論就是會手癢，兩人忍不住又偷偷再簽，還剛好中了幾次小獎。

眼看翻本有望，當然要再接再厲。公婆拿到獎金之後，馬上加碼再簽，喜孜孜等著。然而，幸運不會敲兩次門，照舊十賭九輸。

虧成大洞之後，公婆還是找上兒子。耗光兒子的薪水後，還是得要她去還。

她是公婆簽賭的「活動金庫」

再荒謬的事情多走幾遍，也成了慣例。弄到後來，婆家附近的組頭還給兩老VIP待遇。意思是先前欠著的可以繼續欠，公婆只要打個電話，照舊能簽新的一期。

誰叫他們家媳婦就是個活動金庫，不用擔心收不到錢。

「我真的不想做了。」因為少子化，小孩被寵得愈來愈皮，怪獸家長愈來愈多。她常常萌生倦意，不想再繼續經營幼稚園。

「你不做的話，要是爸媽又那個的話……那可不行啊！」丈夫總是勸阻著。

真是可笑啊！

丈夫反對的理由，正是她說不出口的心聲：「我做死做活幹什麼呢？還不是會被你爸媽給敗掉?!」

但**她終究把家人放在金錢之上，忍耐著不去計較**。

幫公婆還的錢，已千萬台幣?!

在公婆挖坑，她填坑的「分工合作」之下，日子就和稀泥地過著。

終於來到兒子成年想出國留學，此時，她才驚覺「錢到用時方恨少」。錢都到哪裡去了呢？

她拿起計算機把歷年來幫公婆還的錢加起來。沒算錯吧？千萬台幣?!那可是把兩個兒子都送出國留學，不浪費亂花的話，綽綽有餘的數目啊！

她半生的努力、省吃儉用，原本能投資在孩子未來的錢，就這樣蒸發掉了。

她自己辛苦些沒有關係，但因丈夫對公婆的愚孝與縱容，最後卻是犧牲掉兒子的未來。

身為母親，卻未設想到這點，令她懊悔、自責不已，徹夜痛哭。

隔天，她紅著眼睛出現在診間，幾近絕望地問我：「醫生，我該怎麼辦呢？一切都來不及了。我現在開始存錢嗎？那麼，要拖到兒子們幾歲才夠呢？我即使想存錢，公婆也絕對會先出包啊！」

精神科醫師專業分析

世間有兩種錢，永遠還不完——「**賭債**」與「**毒品**」。

處理了一次，絕對會跑出來第二次、第三次，無窮無盡，至死方休。

為什麼會這麼恐怖？因為，這兩者的共通點是「**上癮**」。當事者的大腦已被改造成以此為中心運轉，無限重播的自動迴路。

強烈的渴望終究能衝破意志力的堤防，而事後的懊悔，猶如驚鴻一瞥，管他剁手指，還是發毒誓，此人遲早會再度下海。

如果問我，戒癮最好的方法是什麼。唯一的答案，恐怕是「永遠別試」。別養成癮，就不用戒得那麼痛苦。

一賭就輸，反倒是一種祝福

以心理層面來分析，如何預測賭博再犯的機會？首先，是否有「賭徒個性」是第一個關鍵。如果一個人賭下得愈大，就愈興奮，而非擔憂、焦慮，那麼，他再犯機率就很高了。我賭故我在，而非患得患失的活受罪，你說他會不會繼續賭？

再者，剛開始賭的時候，是否有贏過錢？這是第二個關鍵。「初始經驗」對於上癮很具決定性，一開始就嚐到甜頭，會讓人永生難忘，總想一試再試，重溫那一種快感。所以，一賭就輸，反倒是一種祝福。

最後，如果要付出的代價愈輕，那麼，就愈學不會，愈會再犯。**如果自己不用付出代價，都有人會代為償還，那麼保證會食髓知味，洞愈挖愈大**。反正「死道友，不死貧道」，何樂不為。

所以，其他的債務不談，「賭債」絕對不能幫忙還。不管對方是誰，你最好眼睜睜讓他被追債、被斷手腳筋、被灌成消波塊，或是自己努力分期償還掉。

唯有如此，他才能記得牢，才有「可能」痛到不敢再賭。而且，還只是「可能」而已。

無法承擔「見死不救」的罪名

園長媽媽以前為什麼一再出手相救？應該是擔心被指責「見死不救」。這罪名給人的心理壓力太大了。

但，對於慣性積欠賭債的人來說，根本不適用。例如，如果有人掉到水裡，而你正好經過，因為自己會游泳，就冒險去救他起來，看似美事一樁，但沒多久，他又跑去水深處玩耍，再度溺水，你還要再救他嗎？

一救再救，他照樣再犯。如果你不想再救他了，那算見死不救嗎？況且，救人也是有風險的，有多少去救人的自己反而滅頂？而讓人一再涉險的被救者，難道沒有故意害人的「犯意」嗎？好意思譴責別人見死不救嗎?!更因為總是能被及時拯救，那個人反倒放心地涉險玩命，而聞聲救苦的你就算是「幫凶」啊，這也是所謂的「通往地獄的路，往往是由善意鋪成的」。此時狠下心不救，才能不變成幫兇。

現在才想清楚這些，對於園長媽媽來說，會不會來不及了？

不會的，天無絕人之路，只要還活著，就有改變世界的機會。

我是建議，對於「勒索慣犯」，只能比他更「狠」。就像對方咬定你有金脈，那就乾脆斷了金脈。

園長媽媽點點頭，說：「關掉幼稚園？好啊！反正，我本來就不想做了。要是沒收入的話，袖手旁觀就沒話說了吧?!」

是的，料定她有幼稚園能賺錢供應，兩老怎麼會肯金盆洗手。

如果她沒有幼稚園，公婆才可能放棄再賭。畢竟，沒有人能幫忙收拾殘局了。

「賣掉」幼稚園，而不是「關掉」

我說：「為什麼要『關』？要『賣』。穩定獲利的生意，一定有人想接手。談個好價錢，連房產一起賣掉，兒子的留學基金立刻就有了。你不用再存個幾年，也不用擔心會被公婆中途劫走。」

「這樣的話，我們住的房子，也要賣掉嗎？」

對於園長媽媽的提問，我的建議是：「最好一起處理。**任何讓婆家認為你還有能**

力幫忙的，通通轉成現金『藏』起來。今天你不處理，或許，哪一天你會赫然發現房子被拿去抵押貸款，一胎、兩胎，已貸到一文不值，自己卻不知道啊！

「在處理這些事情的時候，你最好同時放出幼稚園虧損的消息，以及拿去還賭債的錢，其實也是借來的，而小孩出國的錢，得靠賣房子才湊得出來，看能不能喚醒他們一點點的良心與愧疚感。」

離婚不能不被考慮

「如果我這樣做，公婆卻還是繼續簽賭，結果換我老公又去信貸，搞到債台高築……」園長媽媽真是善良，兒子的未來有解之後，就換擔心丈夫。

「那麼，你有考慮過『離婚』嗎？」

聽我這樣說，園長媽媽滿臉驚訝——大家都是勸和不勸離，這個醫生實在太壞心了，又不是離婚律師。怎麼會這樣建議呢？

我搖搖手指，點點她的額頭：「你想想，如果都影響到兒子的前途，但他卻還是繼續縱容父母簽賭，你能受得了這種人當孩子的父親？你先跟他說清楚吧，如果他敢那樣，那你就只能『放生』他了。否則，只要有婚姻關係，他欠的債就會連累到你，甚至你們的兒子。好可憐呢，還沒有出社會，就等著繼承百萬千萬的負債。」

「不要嚇我啊，醫生……」園長媽媽這才想到公婆債留子孫的恐怖。

對於子女，不能「無條件」栽培

最後，我還是提醒園長媽媽，與「不痛就學不會」同樣的道理，**「沒付代價，就不太珍惜」也是人性的一部分**。

對於子女，不能「無條件」栽培。給錢時，要讓他們知道，這些本來是父母養老金的一部分，先借你們當進修基金罷了。

她可以無息貸款給兒子，約定將來工作賺錢之後，按照能力，分期償還。好讓她的退休生活，更有品質些。不然，他們也可以放棄出國，在國內進修就好。或者考公費，申請獎學金，借款就可以更少些。

事先如果有這樣說過，不管最後錢有沒有還，還了多少，孩子對於留學的態度就會大大不同。從原本的「權益」，甚至是「父母欠我的」，轉變成父母割捨退休金，先借我用，將來要回饋，心態就會珍惜。

當年她在公婆身上，就是沒有要求代價，沒有止境地給，才養出千萬錢坑。

在孩子身上，可千萬別再重蹈覆轍了。

女兒是母親的提款機

「我媽報一個數字，說什麼時候要，我就得想辦法去變出來，按時給她。」她說。

「醫生，你問我當初為什麼會結婚……」思考良久後，她終於眼神空洞地回答我，「我已經想不起來了。」

水乳交融、不分你我的美滿婚姻是愛侶們的願望。畢竟，誰想與錙銖必較、自私算計的配偶共同生活。然而，像是「油」、「水」般不容，卻是很多婚姻無奈的現實。而曾經相愛，互許終身的兩人，到底為什麼會變成這種局面呢？

為了家裡，她無悔付出

她，在家中排行老大，是母親的得力助手。舉凡照顧弟弟們，學習手藝，盡早就業，賺錢都交給母親統籌、運用……為了家裡，她的付出，完全無怨無悔。

他，是家中的老么，資質好，會念書。是全家唯一栽培到前往都市發展的專業人士。身為全家的驕傲，他絕不能辜負父母的高度期盼。

在青春正盛之時，兩人相遇了。他們都是努力、勤奮的個性，彷彿在對方身上看到自己，因此互相欣賞，也自然而然地相戀了。

兩人原本都想先努力打拚，不急著婚嫁，但人算不如天算，她的父親突然急症過世。依照習俗，如果兩人不趕在短期內完婚，就得拖到三年以後。

既然沒什麼不好，拖久了，難免夜長夢多，男方決定把親事辦一辦。

結了婚，但心卻懸在娘家

於是，她在悲傷尚未平復之際，就渾渾噩噩地當了新嫁娘。滿懷愧疚，拜別了娘家的寡母。

她的人，是嫁過來了。但，她的心，卻還懸在娘家。沒有一刻，能放得下。

「結婚是為了什麼呢？當然是希望能幸福啊！」學不會自私的她，希望每一個家人都能幸福。因此，她努力地付出。

生兒育女，煮飯做家事，回婆家時，就當乖媳婦。有機會，就回娘家看看。仔細回憶起來，她或許也有幾年傻傻的忙碌與充實。

母親總是找她哭訴、索討

但，世事是會變化的。隨著弟弟們陸續娶妻之後，狀況變得複雜了。

原本賺錢就不太給母親家用的兒子，婚後的金流，都被老婆掐著。

老媽媽找兒子問：「錢呢？」卻只見兒子兩手一攤。

如果老媽媽換成跟媳婦討錢呢？那麼，老媽媽還得先聽媳婦嫌她兒子不會賺錢的長篇抱怨。然而，老媽媽即使被損得悽慘，往往也拿不到夠用的金額。

轉來轉去，母親還是一通電話，找她這個大女兒哭訴。

「我媽報一個數字，說什麼時候要，我就得想辦法去變出來，按時給她。」

她成了身心科的常客

只是一個家庭主婦，哪生出來多的錢?!

但母親似乎從來沒有想過，總認為錢不夠找女兒就對了。可是，丈夫只肯給勉強夠開銷的家用，哪會給她錢，拿回娘家？

她只好將小孩送去托兒所，自己出外上班賺錢。此舉，讓丈夫十分不悅。丈夫認為他都給家用了，如果她還出去賺私房錢，那麼，她就得負責所有家務，不該要他分擔。所以，丈夫凡事都丟給她。吃完晚餐，他就躲進房間歇息。小孩哭鬧，是她的事，洗碗、洗衣、打掃，更是她的事……

幾年下來，工作與家庭的雙重高壓，讓她情緒與睡眠嚴重失調，成了身心科的常客。

她是母親永遠的神燈精靈

她的母親即使稍有察覺，卻還是無止境地訴苦與索討。

畢竟在母親的心中，她是永遠的神燈精靈。

母親對她許的願望，還逐漸升級到生日擺桌宴客、寶石戒指、名牌包……逼使到她只好起了好幾個互助會，東拼西湊地應付著。

即使重男輕女的母親，在父親過世之後，直接將房產分給兩個弟弟，她也沒有異議。即使母親總是為兒子的不孝找藉口，但卻沒有體諒過她這個已出嫁的女兒。

糟就糟在她嫁的丈夫，也是個「孝子」。

一放假，就要求她大肆採買，再拖著小孩，回婆家去承歡膝下。

在婆家，她得當稱職的媳婦，接手打掃、煮飯，服侍夫家眾人。

婆婆總是誇口自家的媳婦都不用工作，只要在家帶小孩、做家事，讓自己的兒子專心工作。在這種狀況下，她無法說出口自己也有工作，需要休息。

結婚久了，她發現丈夫相當計較。當有額外的花費時，他認為她也有賺錢，就要她掏腰包支付。

即使他的收入遠超過家用，他也絕對不多分一點給她用，而是拿回家孝順公婆，接濟手足。

她背負巨額債務

讓人相當不平衡的是，丈夫只需做自己的工作，分點錢當家用，剩下的收入，拿給自己的原生家庭，孝子與好爸爸同時達標。

而她，得工作、做家事、做媳婦，總是忙得團團轉，卻又窮到捉襟見肘。

雖然小孩都需要她的照顧，但卻不喜歡勞累又暴躁的她，總是歡欣鼓舞地飛撲向爸爸……這讓她不禁懷疑，自己這個媽是當得有多失敗。

她的財務恐怖平衡在被某一個會腳惡性倒會後，給硬生生打破了。因為她是會頭，會腳們都來找她索討被捲走的會錢。

突然間，她背負巨額的債務……

「我老公不管。他說，那是我的事情。被逼急了，就自己去死。」

屋漏偏逢連夜雨，娘家的弟弟們竟也吵著要賣房、分家。一個鬧離婚，要錢付贍養費；一個因婆媳不和，要另外購屋，拒絕與老媽同住。

這下可好了，沒了老家，老媽媽是要住在哪裡？然而房子在弟弟的名下，誰也無法阻止他們賣屋。

自己已經夠愁雲慘霧了，母親又在自己的面前哭泣。兩個小孩窩在角落，搶手機玩，一點也不關心大人發生了什麼事。

丈夫一進門看到這種狀況。小孩沒人顧，家裡一團亂，丈夫毫不掩飾地露出極度嫌惡的表情。

她覺得自己的人生好淒涼。為娘家竭盡心力，卻是個沒立場說話，嫁出去的「外人」。而在婚姻裡，丈夫也只當她是個糟糕的「外人」。

精神科醫師專業分析

婚姻，就像精子與卵子結合後，成為一個不同於父母的全新生命。打算結婚的兩個人，必須要有精卵融合成胚胎，成立一個新家庭的認知。

上述這段案例裡的夫妻兩人，他們恐怕都缺乏這種共識，就匆促結婚。

小家庭不是自己家庭的延伸

他們彼此都私心把這個小家庭當成自家的延伸——我是從父母家開枝散葉出來的，

積攢了養分（財物），當然要往根部（老家）運送。

當兩人都想挖資源往老家送時，將嚴重破壞新家庭的合夥關係，轉為暗自較勁與互相提防。長久之後，更認為對方很自私，且互信盡失。

所以，**為人父母在欣慰子女終於成家之後，最好要調整心態**。兒子要開始學習當丈夫，女兒要開始扮演妻子了。他們要擔任的角色愈來愈複雜（同時還是別人的女婿、媳婦，將來還可能為人父母），已經不單只是自己的孩子，對他們的需索要適可而止。

有些缺乏智慧的父母認為養兒就是投資，當然要討回本。不考量子女小家庭的狀況而需索無度，動輒以孝道壓人，往往成為子女婚姻的劊子手，而不自知。

傳統的父系家庭，將兒子當成枝幹，媳婦當成是收編進來的附屬。所有的家業只傳承給兒子，不給女兒，以免女兒出嫁就肥水落外人田。

在這種思維下，只要是在兒子家的，就算是自己的。

為了減少遺產稅，父母常會在生前就將家產分給兒子，然後接受奉養。此舉的潛在危機就是兒子如果不孝，老來還得流離失所，不得不慎。

身為女兒，別再報喜不報憂

既然重男輕女，嫁出去的女兒是潑出去的水，為什麼母親還會向她要錢呢？

我覺得很奇怪，她這才仔細思考：「或許是因為我一向報喜不報憂吧。」

為了讓娘家的母親安心，她向來只講好事，不講壞消息。

久而久之，家人都以為她的境遇好，欲望愈養愈大，壓根兒沒想過她早已捉襟見肘，疲於奔命。

所以，自以為體貼，而總是「報喜不報憂」，只是將家人養成任性而吃人的怪獸罷了。

其實，換一個立場想想，又有誰喜歡家人對自己隱瞞苦處，害自己在無意間變成了加害人呢？**無論喜或憂，家人之間最好就是坦誠相告，相互扶持**。畢竟，往任何一個成員傾斜，而導致那個成員折損，都是整個家庭難以承受的苦痛。

建議她向丈夫爭取「勞務薪資」

至於，她會這麼辛苦，另一部分是讓丈夫剝削了。

很多已婚男性覺得有給「家用」就很仁至義盡，認為自己在「養老婆」，這真是天大的笑話。試問，如果你請了傭人到家裡來，希望她全日工作，難道只要管吃、管住，就不需要另外付薪水嗎？當然不是。**所有的「勞務」都有相對的「薪資」，只是長期以來，主婦根本沒有得到應有的家務酬勞**。

家庭的運作需要「財務」與「勞務」兩方面來維持。既然婚姻是兩個人的，夫妻各半分擔，很合理吧。

以下就以上述的案例來舉例。

精神科醫師教你突圍

先談財務面，如果水電、瓦斯、電話、網路、管理費、買菜、日用品……這些「家用」花掉四萬，以往全部都是丈夫出，那麼現在恐怕丈夫就會嚷著要老婆也出兩萬。

但，這帳其實還有另一半的勞務面還沒算。

她的「勞務」價值十一萬

包辦洗衣、打掃、煮三餐、採買……的專職管家，一個月如果沒有五萬，往往請不到人。全天保母，一個小孩算兩萬二，兩個要四萬四。採買物品到婆家烹煮與打掃，每一個週末算六千，一個月兩趟是一萬二。不定時的銀行跑腿、寄信、送便當等等雜務，一個月算四千。每個月林林總總，其實她的「勞務」就價值十一萬。

人夫千萬別嗤之以鼻，如果老婆哪一天不在了，還想維持同樣的生活品質，讓自己能專心工作，請人來做，就是要花這麼多錢（而且不保證能放心）。

所以，這本帳應該這樣算。家用四萬，加上勞務十一萬，每個月，全家需要十五萬，夫妻對分，各負擔七萬五。

丈夫每個月應該拿出七萬五，其中四萬支付各種開銷，剩下的三萬五，支付妻子的勞務付出，而妻子需要分擔的七萬五，則以勞務折抵完畢。

對母親設定停損點，勇敢說不

如果能這樣合理算清家裡的帳目，她每個月就有三萬五的收入，可以自由運用。

如果她也能對母親坦誠以告，設定極限點，勇敢說「不」，那麼，就不會有後面的財務巨坑出現了。

此外，**生在重男輕女家庭的女性，除了自強之外，更要堅持「權利」、「責任」相符**。

千萬別縱容男人只享權利，而自己默默承擔責任，保證最後會慣出媽寶、姊寶，讓你悔恨不已。

有些人可能會說，不是每個人夫都賺得到七萬五啊，難道要去搶劫嗎？

唉呀，別這麼死腦筋，賺不到這麼多錢，就用分擔家事來折抵。家庭主婦不就是這樣嗎？

換句話說，每個月沒拿出七、八萬來的人夫，可沒資格拒絕分擔家事喔。

乖乖聽從婆家的話，卻無法幸福？

原來，在丈夫眼中，
她只是生小孩與印鈔票的機器人？

她成長於手足眾多、氣氛和樂的家庭，因此，對她而言，結婚就會像自己家那樣，與丈夫在充滿愛與相互支持下，養兒育女。

但沒預料到的是，她的事業運太旺了。她在工作上平步青雲，在無數的飛航與會議累積下，她被譽為「業界一姐」，同時也誤了姻緣。

她驚覺到再這樣下去是不行的。子宮與卵巢有「使用年限」，如果她想要生小孩，唯獨此事無法外包，得自己親力而為。

她雖然喜歡工作，但工作可以晚點再做，因為小孩再晚就生不出來了。經過反覆權衡，她決定積極執行結婚、生子計畫。

除了大齡了些，以她優異的條件，她還是順利遇到適合的對象。

丈夫是虛有其表的「小開」

他是個工程業小開，有房、有車，還有可繼承的穩定獲利事業。重點是，他承諾要養她，讓她婚後專心相夫教子。

因為內心深處的夢想，她決定和他結婚，且如果一懷孕就辭職，專心待產。

然而交往不久就結婚，認識不清的後遺症逐漸顯現。

雖然丈夫號稱「小開」，但能接班的還有兩個小叔，賺錢的金雞母——老牌營造廠並非絕對傳給丈夫。

丈夫必須每天忙進忙出，參與各項工作，甚至到工地現場監督，才能得到父親給的固定薪水。

雖然房子在丈夫的名下，但貸款還是公公繳的。車子雖給丈夫開，但仍然還是放在公司名下的財產。

說穿了，她丈夫就只是一個靠公公庇蔭的二代，虛有其表，其實沒有能自由支配的資產。

丈夫食言而肥

或許如此，她丈夫對金錢相當沒有安全感，也愈來愈擔心她脫離職場太久，丟他一個人負擔家計。

所以，沒多久丈夫就食言而肥。不認當年的承諾——讓她當主婦，而開始要求她回去工作。

但她十分享受與兒子相處的時光，根本不想復職。何況，如果她去工作，誰來照顧小孩。

「給我媽帶啊！反正，她閒著沒事做。」丈夫口中沒事做的婆婆正是個家庭主婦，整天都在操持家務，卻老是被他們嫌棄，說她沒有貢獻。

由此看來，夫家的觀念是，如果沒有工作賺錢，都不能算數。

如果要能兼顧家庭，她往後的工作最好是朝九晚五，時間固定，外加週休二日。但丈夫還希望她的工作要有保障、要有退休金……全部條件加起來，就只剩下公務人員可以考慮了。

她只好拿起書本猛K，賭在錄取率只有個位數的公職考試。念書期間的壓力已經爆表，丈夫卻常出言損她不事生產、不顧小孩，讓她更加煩躁不安。

還好考試是她的強項，別人考好幾年的公職，她一次就考上。

她恐慌發作，卻需「偷偷就醫」

但分發後還有訓練期，上課之外，還要考試。丈夫送她去訓練中心時，竟然耳提面命，叫她可別沒考好。丈夫對她說：「你就只會念書，被當掉就太丟臉了。」

她焦慮到無法成眠，好幾次要恐慌發作，只好偷偷前來求醫。

為何連看醫生都要私下，不能給夫家知道？

她嘆著氣說：「沒辦法，丈夫要是知道的話，他恐怕又要說我意志力薄弱、抗壓力差、爛草莓……」

然而，擁有公職卻沒有帶來幸福、快樂的日子。

每天上班就是撕裂心肝，她與兒子的拔河比賽。

婆婆雖然疼愛孫子，但因長年被打壓而脾氣暴躁，動輒對她兒子恐嚇、威脅「再哭就打斷腿。」「吵死人了，再吵就送人。」

這一類的話語，讓年幼的孩子相當惶恐。只要一說到要去阿嬤家，孩子就反抗。巴著她的腿，不讓她走。

聽到兒子哭鬧，丈夫就氣到揍孩子，而她出手相護，就會被罵：「你縱容小孩，養出媽寶。」

連趕來接小孩的婆婆，也嚷著：「就讓他哭，不用管他。去去去，你就去工作……」

丈夫的冷言冷語

她總是在這樣亂哄哄的狀態下離開家門，而工作時又得面臨更多的紊亂。

身為第一線的櫃檯人員，工作內容相當繁瑣，卻又單調，完全沒有得思考，只有考驗耐性，反覆確認各式帳單、資費，還要應付客戶的情緒與刁難。

她因為是新人，業務不熟練，往往得加班到很晚才能回家。每天都累得要命。但丈夫只會冷冷地評論她：「你連最簡單的公務員都做不了的話，那還會什麼?!」最近她驚覺與兒子幾乎沒什麼相處的時間。因為下班太晚，無法開伙，晚餐到公婆家吃，帶兒子回來，就只能洗澡、睡覺，一天就這樣過去。

這就是她想要的家庭生活？而她只要抱怨，丈夫總是認定她愛鑽牛角尖，要她學會正面思考，別再吃藥，趕快生第二胎……

原來，在丈夫眼中，她只是生小孩與印鈔票的機器人？

精神科醫師專業分析

當一個人處於人生十字路口時，該何去何從？我們為了什麼而埋首趕路，卻在一抬頭時，赫然發現周遭景物完全陌生……而此處是自己出發時想去的地方嗎？

就像她，毅然放棄事業帶來的高薪與成就感，就是為了生小孩，而生小孩是為了重溫孩提時的美好經驗，厚植下半生最重要的資產——幸福的家庭。

為什麼她達成目標，卻不快樂？

她當時的目標多麼清楚，加上她的執行力夠。但為何結婚、生子之後，在她的專案達成率百分百之際，她卻如此不快樂？

分析起來，婚後，她受夫家影響，才導致失焦、迷途。

我告訴她，此時，最需要的是「莫忘初衷」。只要能釐清主要標的，事情的輕重緩急就會清楚。

對她來說，能放下成功的事業去結婚、生子，表示親子關係遠重於名利，至少在她人生的現階段，重點絕對是家庭。

所以，哪有繞了大半圈又跑回去賺錢的道理呢？硬要在育兒期去賺一點薪水，CP值超低不說，卻缺席了孩子最重要的成長期。就像幫嬰兒洗澡，大人只顧著撈洗澡水，卻把嬰兒忘在一旁那樣的荒謬。

她痛苦的源頭

她痛苦的源頭恐怕在於——夫家的價值觀與她的相左。

剛開始時，她不免想要討好與順從，聽從丈夫與公婆的話做決定。

但夫家重視金錢，覺得人力能換錢，閒置就算浪費。對於無形的親情、孩子的人格形塑，此類無法標價的，就視為不重要。

但誰都知道，金錢無法買到快樂，尤其是親情。放眼望去，多少有錢人就是家庭不和，外表光鮮亮麗，但卻內心苦悶。親情是珍貴的資產，需要用心的投資與經營。

我覺得她的理念才是正確的，她應該要堅持的。

她的夫家慣於「兩代分工合作」——老人家帶小孩，年輕父母出外賺錢，藉此壓榨出最高的邊際效益。

像是把孩子留在鄉下，給阿公、阿嬤照顧，爸媽在都市工作，假日回去探望。這樣老人家的「剩餘價值」被充分利用，年輕人又賺得到錢養小孩與雙親。

然而，**此種育兒模式有嚴重的後遺症，就是「角色混亂」**——父母在應該育兒時，角色外包，導致親子不熟。等到年老時，才能反過來照顧孫兒。中生代在年輕時與老一輩搶小孩，老來又與下一代搶孫子。

直接抗議，要求丈夫調整

此外，為什麼她的丈夫像個局外人，總對她進行評論？既然婚前就知道她的能力好，丈夫為何總是挖苦她、質疑她？

從夫家之間的互動觀察，「家庭習慣」是可能的原因之一。家人間的耳濡目染，無形的「身教」影響很大。如果她不希望兒子將來也講話刻薄，氣不過就出手打人。那麼，她最好把兒子帶在身邊，自己好好教導，這是刻不容緩的一件事。

此外，或許丈夫的內心裡認為自己的條件略遜於她，所以，在潛意識裡想趁機打壓妻子，好取得平衡。

為了婚姻長久，夫妻倆最好地位對等，而且互相尊重。

我建議她，要對丈夫表達抗議。例如，要求丈夫改掉對她說話時的負面語氣。

精神科醫師教你突圍

她的娘家氣氛和樂，意味著家人的情緒相對穩定，鮮少過於激動或歇斯底里。即使有人拋出負面情緒，也能被認同、接納、化解。

婚後，她在夫家感到震驚與內心受傷，原因應該是夫家不善於察覺、面對、處理情緒。夫家可能認為面對、處理情緒，就像接到炸彈那樣危險。

這一類人的典型反應可能有「否認」：直接打臉對方，說：「你不應該難過。」「想死是錯的。」或「加倍奉還」：**用更大的情緒反撲對方**，例如：「哭？我比你還想哭。」又或是「**武力阻斷**」：恐嚇、暴力威脅，好讓人噤聲，例如：「再鬧，就打死你。」「還哭，就把你丟掉。」

當發現對方有這些反應時，我們心裡最好有點警覺——對方處理情緒的能力似乎不強，如果我們想達到溝通的目的，或許得換一個方式。

教養孩子時，父母應該先處理自己內心的焦慮

例如，當她丈夫感到焦慮或壓力大時，因為不擅長處理情緒，所以容易言行失控。因此，一聽到她抱怨工作，就說話損她。當早上小孩吵鬧，丈夫又要趕上班時，丈夫就出手修理孩子，雖然其他的時間，丈夫還算盡責的丈夫與好爸爸。

不過，既然選了他，**我建議她，先處理掉自己的情緒，也就是「採取行動，降低自身焦慮」，而非將焦慮的事，拋向丈夫，期望丈夫協助解決**。

她主要的焦慮是來自於「母性」受到威脅，也就是被迫離開孩子，而且感覺小孩無法受到妥善照料。此時，她的母性就會發動，強烈希望捍衛幼子。然而，阻止她善盡母職的，卻是丈夫對「金錢」的焦慮，這可怎麼辦呢？

分析自身的財務狀況

「你們家用需要多少？你有多少存款，他的薪水是多少？」對於我這些具體的提問，她靜下心來分析自家的財務狀況。

我想，要能說服丈夫即使她辭職在家帶小孩，家庭財務照樣沒問題，丈夫才不會焦慮到反對，而比較能接受她的決定。

不過，即使現在夠用，丈夫還擔心起退休金。所以，她還得說明此為「短期規劃」，是到小孩幾歲為止。等孩子長到夠大，在校時間變長，她就會找全日工作復職。

人生雖然是連貫的，不過，仍然約略可以分成幾個階段，而每個階段的重點都不同。以她目前經濟允許，且渴望親自育兒的情況下，我覺得暫停工作，回家帶小孩是正確的選擇。

童年相當重要，親子關係與孩子的人格發展都在此關鍵期奠定。這時候好好陪孩子，整體而言，事半功倍。況且，孩子的「賞味期限」很短，過來人都知道孩子很快就長大了，不需要父母了。如果，屆時才想彌補，子女是不會領情的。

更可怕的是，小時候孩子怎麼被父母對待的，他們就怎麼對待父母。像她婆婆對孩子沒耐心，當年應該也是這樣吼罵子女，到現在她丈夫成人之後，就跟著公公鄙夷自己的母親，這是何苦呢？

辭去公職，回家育兒

她後來毅然辭去公職，即使同事勸她轉調較輕鬆的單位就好，周遭的人也為她放棄鐵飯碗而感到萬般可惜。

其實，生活是自己在過的。**我們是活在別人的評價裡，還是自己切身的感受中呢？**就像是穿一雙名貴，但磨腳的鞋子，別人的眼光再豔羨，也無法使自己的腳不痛。

她選擇聽從自己內心的召喚後，每天都過得很愉快，兒子也變得活潑、開朗。她丈夫逐漸感受到她的變化，也感受到生活品質變好，於是，丈夫也慢慢放鬆下來，不再開口、閉口都提錢。何況，老婆不再抱怨，男人就像被無罪赦免，如釋重負啊。

不過，她還是很擔心公公婆婆的想法。

「你有很聽父母的話嗎？」我問。

她立刻搖頭。

我覺得很奇怪，彼此沒有血緣，也沒有養過自己的公婆，竟然比自己的親生父母還在意。現代女性念書、工作樣樣行，但如此介意婆家的看法，或許背後原因是從小優秀慣了，好面子，也不想讓人批評。

但其實，**我覺得關鍵人物是「丈夫」**，如果她的丈夫能理解且支持就可以了。況且，只要她讓自己的兒子與孫子過得好，我想公婆也就無話可說了。

其實，她是相對幸運的，不會因為經濟條件所限而需要犧牲孩子。我想，既然她有餘裕可以選擇，為何還要大開倒車，硬把這重要的這幾年拿去上班？不過，要做這樣的決定，**女性自己還是要堅定，才能力抗周遭人的慣性**。

這慣性是台灣人多半早已脫貧，卻改不了貧窮的思考模式，仍然習慣把賺錢放在最前面，以至於忘記享受人生的樂趣。

就像旅遊時忙著趕車，卻顧不得欣賞沿途的風景。我們為何不邊走邊玩，好好感受每一個景點的美好，以免離開人世時，除了銀行存摺外，其他都是白卷啊！

女人不斷犧牲，無法苦盡甘來，只會寵壞男人（上）

母親要她把錢給弟弟。否則，不准她再回娘家。這一招，最最讓她心痛……

「一言難盡啊……我媽與姊姊們都給我壓力，她們輪番打電話來轟炸。為這種事情來看醫生，實在太丟臉了。但是，再不來看，我就要被逼瘋啦……」

已婚的她，育有兩名子女，是一個上班族。工作、婚姻、小孩都好，唯有娘家惱人。

她的父親是跟隨國民政府來台的軍人，孤身一人，拖到有些年紀才娶妻，所以他總是把老婆當成妹妹般疼愛，凡事都順著。

前幾年，父親因慢性病合併心臟衰竭住院，過世前，還殷殷囑咐子女要孝順母親。

她的母親只念了幾年小學，出嫁前都在家幫忙。婚後連生四女一男，所以經營雜貨店來貼補家用，直到眷村改建，才結束營業。

幸好那時子女都已經長大了，女兒們開始工作拿錢回家，加上父親的退俸，兩老住在抽籤分到的新建樓房，晚年生活照理來說，算是頗為安穩。

錢坑「弟弟」

然而，娘家有個「錢坑」，就是她的弟弟，老么兼獨子。而挖出這個坑的人，就是過度寶貝兒子的母親。

她從小看著母親毫不掩飾地「重男輕女」。給弟弟的東西最好，只給她們姊妹分剩下的。

她要是抗議，母親還會很鄙夷地說：「女兒將來會嫁人。這個家，將來是要靠你弟弟的。」

只因為這樣，一切好處都要歸給弟弟。她很不以為然。但是，連姊姊們都認同母親這種想法——「我們家要好，就得集中資源栽培男孩子。」

她不懂，**為什麼「性別」決定了「角色」與「責任」**。身為女兒，就應該不停息地支援前線，卻讓兒子理所當然拿最多、用最好，完全不需感恩。

集所有資源栽培的弟弟，卻不成材

當年要不是父親認為出得起學費，不然母親還想阻止她升學。說她：「這麼會念書幹嘛，以後還不是嫁人、跑掉。真是『豬不肥，肥到狗身上』。」

母親可真說對了，他們家集所有資源栽培的兒子，的確是養不肥的豬仔。不只蹺課，還跟朋友把補習費給吃喝掉，玩到忘記去考試，而差點畢不了業——最後都是靠母親去拜託，他才有畢業證書。

但名義上的畢業也沒用，弟弟不僅不肯升學，連工作也不好好做，就帶女朋友回家住。

母親不僅沒有反對，還覺得這樣比較安全。至少在自己家裡同居，這樣就會回家了。然而，沒多久，女友的肚子就大了，母親幫忙辦了婚禮，認為生子之後，兩人就會穩定。

可惜，弟弟繼續玩他的。

而無緣的弟媳生下了女兒之後，受不了小孩吵鬧，加上她還年輕、愛玩。沒幾個月，也跑掉了。

母親常常一邊照顧孫女，一邊抱怨自己的命好苦啊。但只要兒子一回來，她什麼苦都忘記了。她眉開眼笑地對兒子噓寒問暖，還做一堆好菜給兒子吃。

可惜，母親的寶貝兒子總沒能多待幾天，吃飽睡足加上討到錢（來自於她們姊妹平常給母親的孝養金），他又人間蒸發了。

在弟弟回家的短暫時間裡，他幾乎沒瞧過自己的女兒一眼。

最最讓她心痛……

父親過世時，母親就直接把房子過戶給弟弟，要她們姊妹別想著娘家的產業。

改建後的眷村大樓因位於熱鬧的地段，房價持續走高，她弟弟輕鬆升級千萬富翁。

母親只讓女兒們分到父親的現金存款，每人只拿到十餘萬。

沒過多久，弟弟就嚷著要拿房子去抵押貸款，他想創業當老闆。

母親深怕老來沒房子住，拒絕讓他拿房子去抵押，轉而叫女兒們出錢，對她們說：「你們當初分到的那些錢，本來就是該給兒子的。人都嫁出去了，別貪娘家的東西。」

母親都這樣說了，姊姊們都乖乖將錢拿回家，母親再轉手交給弟弟。

錢雖然捐輸過去，但弟弟始終沒有做出任何事業。

「不出所料。」她氣憤地說，「所以，我那時候就拒絕把錢拿回去。把錢給他，就像把錢丟進水溝裡。」

但是，弟弟哪肯罷休。弟弟繼續鬧著錢不夠，創業才無法成功。

「姊姊們都打電話逼我，叫我把錢拿回去。我不要。那是父親唯一留給我的，為什麼要給他糟蹋掉？」

她氣到一邊講電話，一邊哭。

但姊姊們根本不聽解釋，總認為她是貪財又不孝。

最近母親更打電話來罵她，要她把錢拿回來。否則，不准她再回娘家。

這一招，最最讓她心痛……

「我也是從她肚子裡出來的。為什麼她只重視兒子，把女兒都當成土？」

「為何姊姊們都認為『孝順』就是順著母親寵溺弟弟？母親無論想怎樣都好、都是對的。**如果沒有完全順著母親，就是『不孝』？**」

精神科醫師專業分析

父母與子女的關係是「相對」的。父母對子女慈愛，子女以孝順回應。不過，親子間的恩情可以轉移嗎？就像案例裡的她，因為感念父親，所以就要加倍孝順母親？母親要她們把對自己的孝順，全轉給弟弟，合理嗎？

以「金錢」為例，假設你欠某人十萬元，你開了張支票還款。他收到之後，想到也該還誰十萬元了，就背書轉讓給另一個人，然後把你的錢領走了。

此時，你應該不會有任何情緒。反正錢就是錢，只要數目對，怎樣相抵都可以。

然而，如果換成了「情感」，還同樣可行嗎？

例如某女愛慕某男，但某男的兄弟對他有大恩。如果他說：「愛我的話，就嫁給我的兄弟吧。好讓我報恩。」你絕對會覺得某男腦子有洞。

親子關係也是相同的，就像我們養大子女，子女該孝順的是我們，絕對不是別人。請想想，誰會接受子女去老人院做志工，就不用回家問候父母。

情感回饋與金錢借貸不同，是人對人「專一」的關係，無法擅自轉移給他人。

當母親說：「你不照顧弟弟，就是對我不孝。」這並不合理

因此，當她的母親說：「照顧你弟弟，就是照顧我。」甚至說：「不照顧弟弟，就等於對我不孝。」這些話，為什麼聽起來就是怪怪的？

那是因為，她接受到的恩情，她已經在回報了。她在孝道上根本沒有虧欠。而弟弟與她之間，弟弟從未照顧過她呀！沒有受過照顧，為什麼要回報？即使是母親要求這樣轉移，也是無理的要求。

如同有人傷害到我，我可以轉去傷害他的家人，間接讓他痛苦，認為這樣剛好扯平嗎？

相信大家都同意，冤有頭，債有主。因為這根本是兩碼子事，不能這樣轉移而抵銷。

如果「報仇」不能這樣混為一談。那麼，母親要求女兒照顧兒子，而當成是在

「盡孝」，這也是毫無邏輯的強詞奪理。

令人痛苦的「情緒勒索」

然而，這樣類似的說法究竟管不管用？當然有用極了，否則怎麼會到處都是。

舉凡道理說不通、講不贏的，就直接翻桌耍賴，使出「情緒勒索」，開始指控對方：「你就是不愛我、不在乎我，才會忍心讓我失望、難過。」

要證明你重視我，我在你心中的地位，你只能「照我的話做」，不然你就是「壞人」（**貼上負面標籤，貶抑你的價值**）。如果我因此而痛苦，都是「你造成」的（**無痕轉移責任到你頭上，讓你懊悔、自責，最後只好接受要求**）。

華人社會的殺手鐧——「不孝」

除此之外，她的母親還使出華人社會獨有的殺手鐧——責罵她「不孝」，以便進行「道德綁架」。不管她有理沒理，反正只要讓母親不悅，就能主觀咬定她不孝，且抗辯無效。

她的姊妹們為了撇清不孝的嫌疑，加上想博取母親的認同，自然「西瓜偎大邊」，紛紛站上道德的高崗，狠批自家妹妹。

所以，在一個團體裡，或是在家裡，要想維持腦袋清醒，甚至對抗領導者／家長的不當決定，除了智慧之外，恐怕需要更多的勇氣。

她因為思辨清楚，隱約感覺不對勁，只是勇氣還沒百分之百生出來。

精神科醫師教你突圍

我對她說：「你做不到的話，是應該的。」

她的眼睛開始閃著淚光。

長久以來，她所渴望的理解與支持，竟然是來自一個外人，還是一個陌生人。

她的委屈讓人心疼，即使只得到母親一丁點的關愛，她還是願意盡孝，這是多麼難得的善良。

問題在於她的母親，不僅把兒子養成媽寶、麻煩製造機，還要女兒們無止境地協助善後。

母親的要求是錯的，她當然無法遵從。

「為什麼姊姊們都贊同？她們覺得如果媽媽想要這麼做，那麼，她們就照做，這就是孝順。」

她不解這既然是錯誤的要求，為什麼姊姊們都不反對。

「那叫做『愚孝』，並不是真的孝順。你知道愚孝的定義嗎？就是父母的想法是錯的，子女不但不糾正、勸止，還照辦不誤。結果會怎樣？例如父母好賭，不勸他們戒賭，還幫忙籌資，讓他們愈玩愈大，最後全家都負債、信用破產，這就叫做愚孝。

「你們明知道媽媽寵壞了弟弟，讓他毫無責任感，但你們不僅不阻止，還一直支援這種敗家的行徑，讓你媽媽執迷不悟。你們大人就算了，你弟的女兒，該怎麼辦？這可能會『禍延三代』。一個不肖子，往上害了母親，平輩的姊姊，往下害了女兒，這哪裡是孝順？」

姪女的教育基金

「但我如果不給錢，她們都罵我貪財啊……醫生，你知道我不是。」

「我知道你不貪這筆錢，你只是不希望父親的遺產被糟蹋。總之，現在錢在你手上，決定權在你。那麼，除了給你弟，讓你弟浪費掉，那……用在你姪女身上呢？」

她點了點頭，說：「她將來念書還要用錢，我媽恐怕不會給。我可以把這筆錢當成她的教育基金。」

「如果你拿這筆錢幫姪女付學費，**這樣的用法很有意義。你父親一定會很欣慰的**。而且，這樣還是用在栽培自家人身上。」

不過，在此之前，她得挺過娘家的壓力。她必須堅持多年才行，而那可能是會讓她崩潰的啊。

「我可以的。現在我知道自己在做什麼。**為了姪女，我會挺住**。」

知道為誰而戰後，她的勇氣已經如湧泉般冒出。

從「放棄繼承」著手

「不過，如果我媽還是罵我自作主張。錢是她分的，她當然可以收回去呢？」

「你有簽過放棄繼承嗎？」我問。

雖然「法不進家門」，但也不能太過分。

她搖搖頭。

她說母親當時就自作主張，把房子過戶給弟弟，只讓她們分一點現金。

「你就跟母親說，如果不讓你決定怎麼用這筆錢，那就準備上法院。屆時，你母親可能需要付出更多，因為房子的現值目前可是百倍以上。你媽拿一半，你們五個女兒分剩下的一半，這樣，你絕對會分到更多。如果你的姊姊們放棄繼承，那就更好辦了。你跟你弟各分四分之一，就看你媽媽意下如何。」

「這一招有夠嗆的，我恐怕下不了手。」她有點心軟。

「這當然是用來嚇唬人的。我們的用意是，即使不懂法律，但可不代表就能不守法喔。法律明定男女的繼承權相同。**你不是沒有權利，只是隱忍而已**。講法條，只是希望他們別太過分了。」

與家人劃清界線

「原來是這樣。如果知道能分到房子的持分，姊姊們的想法或許會改變。」她笑著回應。

但我還是提醒她：「你覺得你弟敗掉這一筆，他就會善罷甘休了嗎？」

「應該不會吧。」她太了解他了。

「所以，你的姊姊們終究會嚐到愚孝的苦果，將來得一次又一次拿錢出來填坑。還不如你乾脆與他們鬧翻，劃清界線。還有一個可能是，房子已經在你弟弟的名下，他大可以瞞著你媽媽，把房子抵押、淘空，等到哪一天銀行來收走房子，你媽與姪女可能就得流落街頭了……」

「會這麼慘？」她不敢置信。

唉，我看診多年，再怎麼誇張、離譜的狀況都見識過了，很多案例都比電視劇還匪夷所思。

「你還是好好把錢存起來吧，錢到用時方恨少。」

最後，或許有人會很氣憤，怎麼會有這樣的母親。這種重男輕女，寵出不孝子的老媽媽，當然不是從石頭裡蹦出來的，而是從病態的家庭環境所養成的。

請接著看下一篇，讓我們往更上一代追溯回去。

女人不斷犧牲，無法苦盡甘來，只會寵壞男人（下）

「溺愛弟弟，就是孝順媽媽。小弟就是我們家的希望。」她苦笑地講著母親的「聖旨」。

排行第八的小舅，備受寵愛

外婆連生七女，怎樣生都是「賠錢貨」，生到欲哭無淚。後面出生的兩個女嬰，連看都不想看，出生就送人當養女了。

還好，她母親是長女，年紀最大，最快懂事，能夠幫忙照顧接連出生的手足，所以頗受外婆的倚重。

如果沒有男丁可以繼承香火，對丈夫與祖先都很難交代，所以外婆再接再厲，生到快停經時，排行第八的小舅，終於降臨了。

如釋重負的外婆對么子寵愛備至。女兒只能吃粗糠、地瓜，穿著姊妹傳下來的舊衣。但兒子吃白米、雞蛋，年年都有新衣。

這種明擺著的不平等待遇，在那個年代，卻是天經地義的理所當然。她母親身為穩重的長姊，還會斥喝那些愛抱怨的妹妹們不懂事。

外婆只讓母親念了幾年書，便要她回家做事。母親成天忙裡忙外，忙到誤了婚事，拖成了大齡女，行情都變差了。

本來外婆還想留著母親，畢竟好使喚，但後面的女兒都嫁一、兩個了。親友的輿論壓力也不小，在找不到更好的對象下，竟草草將她母親嫁給了已過不惑之年的外省兵。

么弟是娘家的唯一指望

即使如此，她母親依然乖順地奉命成婚。婚後不但幫丈夫開店營生，也努力懷孕生子。

可是，彷彿繼承了外婆的厄運，母親連生了四個女兒。她因為排行第四，差點要被母親做主送人當養女。

還好她父親反對，說他們老家沒這種習俗。只要他還養得起，就不會讓小孩流落在外，她才得以安然長大。

母親終於在第五胎，生出她弟弟。與外婆一樣，連著兩代陰盛陽衰，就得個獨子。因為父親是隻身來台，母親婚後除了生活困窘了點，沒有婆家干涉，得以與娘家維持走動。

除了回去探視父母，重點還是自己的么弟。

她母親承襲外婆的觀念，認為這個么弟是娘家的指望，也是自己的後盾。以往的女性地位低，婚後如果遭受夫家欺負，只能指望娘家兄弟幫忙出頭。

說著說著，她突然想到，她父親的年紀，也只比外公小幾歲。這樣年幼的小舅子，哪能幫母親制衡丈夫啊？

她成為弟弟有求必應的ＡＴＭ

俗語說「寵豬舉灶，寵子不孝」，這個集寵愛於一身的小舅不愛念書，常常逃學，最後交了一群損友，成天只知吃喝玩樂。

小舅要是沒錢了，就會上門找她母親討。她便從收銀機裡，偷偷取點錢給他，幾乎是有求必應的專屬ＡＴＭ。

外婆即使知道小舅常去向她母親討錢，竟然也只是淡淡地說：「那是應該的。」

有了外婆的縱容，小舅上門討錢的頻率愈來愈高。

紙包不住火，最後被她父親給知道了。軍人的火爆脾氣可不是好惹的。他對這個不長進的小舅子沒在客氣，舉起掃帚，作勢要打。

然而，溺愛弟弟的母親還是從後門溜出去，找到悻悻然的小舅，偷偷地將錢塞給他。後來，小舅都趁她父親不在家的時候上門，但某天店裡正好沒什麼進帳，母親只能給些零錢時，讓小舅相當生氣。

小舅說母親當自己是乞丐，揮拳相向。她母親只好摀著受傷的臉頰，轉身進去房裡，翻出僅有的一只金戒指，交給小舅，才讓他揚長而去。

外婆無視女兒的辛苦

幾年之後，外婆家賣了一塊地，進帳頗豐。

因為丈夫收入不多，但食指浩繁，她母親鼓起勇氣，趁機去問外婆，可否代小舅把那只金戒指還來。不然，給她些錢，好去重打一只，免得被丈夫發現，難以交代。

沒想到，外婆竟然無視自家女兒的辛苦，冷淡地拒絕了。還說：「已經給了的，就不該再想討回去。」

母親被外婆拒絕歸還金戒指之後，對娘家徹底寒心，終於不再金援小舅。

加上沒多久之後，她母親就生下兒子，立刻將期望轉向「自己的」兒子，拒絕讓小舅這個「外婆的兒子」來分享任何自家的資源了。

再來，她母親與外婆一樣，將資源全數灌在盼了好久的么子身上，也要求女兒們照辦，因為「這個家將來是要靠你弟弟的」。

聽到這裡，我都害怕起來了。

這簡直是「復刻版」，沒人發現嗎？

「溺愛弟弟，就是孝順媽媽。小弟就是我們家的希望。」她苦笑地講著母親的「聖旨」。

然而，「我就是不懂，照這樣看來，我媽自己是重男輕女的受害者，為什麼她自己結婚生子後，卻照樣重男輕女呢？」她提出自己的疑惑。

精神科醫師專業分析

家庭故事如果只看一代，像是她和姊姊們的衝突，甚至是兩代，她母親因重男輕女而對她不公平，恐怕都沒有上溯至三代看到她外婆和母親的過往，那麼令人恍然大悟。

然而，此時更大的疑問湧上心頭。

女人從「受害者」，變成「加害者」

為什麼她的母親明明是重男輕女的「受害者」，但在當了媽媽之後，卻反倒複製原本痛恨的那一些，成為新一代的「加害者」？

是因為，人本來就善忘？還是，換了位置，就會換腦袋？

其實，以現代倡導男女平權的角度來看往事，多少會覺得古人很荒謬，但當我們把故事的主角放回他們所屬的時空裡，或許就能理解那些荒謬有其無奈。

就像「女人何苦為難女人」，但在「利益」衝突下，誰能不凡事先為自己著想？長出私心？

尤其當女性身處無權又無資產的時代，自我的需求與安全保障還岌岌可危，還能期望誰發揮高尚的情操？顧及其他的女性？

女人為什麼也「重男輕女」？

男人為了獨享權力與資源，主導了「重男輕女」的風氣，打壓女性時，便可輕易地合理化性別不公。

但是，女人為何也「重男輕女」？這當然要配合長期的剝奪，例如教育、繼承、權力……讓女人一無所有，覺悟到自己的價值，端看所依附的男人。

當整個社會沒人理會你是誰、聽你的話，除非你是哪個重要男性的誰，像是妻子、母親、女兒……之類，亦即**「掌握男人，才能掌握資源」。於是女人為了自身利**

益，只好跟著重男輕女。

在女性無繼承權的過往，女孩都清楚知曉娘家只是生養自己，並不會給她額外的資源。

結婚之後，在丈夫允許的範圍內，她才能分享些許資產，但還得看婆婆的臉色，更常被當成外人在提防。

為了避免有人鳩占鵲巢，她還得防範丈夫討小老婆，得搶先生出長子，作為繼承人，她的地位才算穩固。

要是淨生女兒，丈夫又在外生得兒子。不僅家產會被人整碗捧去，她還可能被休棄，孤苦以終。

傳統上，女人唯有熬到公婆都過世了，丈夫也辭世了，所有的資源都集中到自己兒子手上時，她才能以母親的身分，憑藉孝道，完全掌控全局。

這是她作為女人的顛峰，也是最舒心的時刻。

例如宮廷劇裡，從宮女到嬪妃都爭著想當皇后，為的是「皇帝」正妻的名分，握有對整個後宮的生殺大權。

接著，就是要生出兒子，讓他當上「太子」，皇后的地位才算穩固。但，歷史上被廢的太子、被打入冷宮的皇后一大堆，所以最好是皇帝老公早早駕崩，換自己的兒子掌權。

親娘換不了人，太后是唯一的。女人此時才能高枕無憂，享受夕陽無限好。

女性何以弱弱相殘？

以她的母親為例，先前供養弟弟是為了自己的保障，自然與她的外婆是利益共同體。但當自己的兒子出生後，「母親的」兒子瞬間變成在掠奪應該屬於「自己的」兒子的一切。遠近親疏，不言而喻。

如果已有自家兒子當養老保險，自然不再需要娘家的弟弟，何況根本是不成材的蛀蟲。

此時轉移投資標的，絕對是再明智也不過的決定了。

或許在讀這案例時，有人會說：「女人就是現實、心眼小。」直接歸咎於女人自己不長進，弱弱相殘。

但**指責弱勢族群不長進，無視於整個社會結構的不公，其實是只想卸責，而且對人造成二度傷害**。

誰都無法選擇自己的出身，包括性別，但眾人只因為你無法選擇與改變的條件，就剝奪你的權力／權利，限制你的人身自由，甚至不讓你受教育，而難以獲取知識，也沒有財產的擁有權與繼承權。

所有的一切只能靠關係、名分……才能確認自己存在的地位，若此，誰又能不勾心鬥角、用心算計呢？

只有「男女平權」，女人才不會為難女人

至於，為何連母親都能對女兒的苦難視若無睹？所謂的親情呢？

或許，那也不是刻意殘忍的。**當人處在匱乏的時候，自己的基本需求都不足時，心會比較硬，也無暇同情他人的苦難**，那是很可悲的狀態。

她的外婆當年經歷過什麼，以至於心狠至此，可能又是另一個故事了。

要破除這種人倫悲劇，不再讓女人為難女人，需要徹底實踐「男女平權」，讓孩子不再因性別，而受到不公平的對待。

當能獲得同等的資源，將來自然也能公平對待下一代，讓整個社會逐漸文明化，而非投錯胎就萬劫不復。

至於她能怎麼做呢？**長期來看，我覺得是「攻心為上」**。

安撫母親的焦慮，讓母親多依靠女兒養老

她可以針對母親的焦慮，加以安撫。讓母親知道女兒們都有孝心，也有能力可以奉養她。

例如，她有工作、有收入，當她拿自己的錢回饋娘家時，並不會被丈夫或婆家說話，對方更沒有立場阻止。

因此，她可以**勸母親多倚靠女兒養老**，而不是提防「女兒賊」，擔心女兒會分走自家的財產。

同時，**不要將資源集中給獨子，以免被敗光**，甚至老來被趕出家屋。

那種事情不可能發生嗎？請上網查查新聞，多的是兒子後來說房子是在他的名下，而不給老母親住。或是，兒子偷賣房子，拿錢走人，老母親只能含淚流落街頭。

也有不孝媳婦指稱房子是自己老公的，趕婆婆出去，要其他子女接去輪流住。所以，想幫兒子省遺產稅，丈夫過世就直接將房子轉給兒子，那就是要對賭兒子的良心，甚至是未來媳婦的良心。

誰能確定自己一定贏，誰又承擔得起老來輸了兒子，又丟了房子的結局。

若長輩無法放下「祭拜」一事

老一輩可能什麼都好談，但或許**骨子裡堅持重男輕女的關鍵，還是卡在「祭拜」**。兒子才能祭拜自己與祖先的牌位，女兒再強、再厲害，也做不了這一項。

這要如何破解？其實，老人家心知肚明，年輕人根本不管，也不信這一套了。給再多遺產，也無法確保香火不斷。

既然如此，何必指望死後幾縷青煙、吃不到的供品？況且，死後真的還有知覺嗎？如果有，請趕快去投胎轉世或上天堂。硬留在凡世圖香火，可能是陰德值超低的孤魂野鬼。不想死後上不了天堂，與其指望子孫祭拜，不如快點去行善做好事。好人都會上天堂或極樂世界，哪裡需要被世代祭拜。

既然這樣，當好人就不用擔心死後的祭祀，那麼，何不在活著時，讓自己過好一點？如此，兒子與女兒有什麼差別？**女兒還比較方便陪伴出遊，生病時照料呢！**

如果指望兒子娶的媳婦呢？唉，媳婦從小到大又不是自己養的，怎麼好意思要人家來孝順自己。省著點心，指望女兒還比較有道理啊！

但我也心知肚明，很有可能她好說歹說，仍然撼動不了老人家根深柢固的信念。如果是這樣，又該怎麼辦？那麼就只能看淡、認命，**接受這輩子即使生為母女，緣分終究太淺**。

還好，她有一對子女。她大可以從自己這一代開始，公平對待兒子和女兒，親手終結這代代相傳重男輕女的悲劇。

輯二

立下界線，把受傷的自己愛回來

聽話的女兒，卻深陷泥沼？

「因為我弟早就與她鬧翻了。我再不聽話，我媽會崩潰的。」她哭著說。

愁容滿面的她，抱著寶寶走進我的診間。

陪同的丈夫很擔心她會想不開，憂心忡忡地問我：「醫生，她是不是得了『產後憂鬱症』？」

沒想到，她馬上搖頭否認，說自己不是生病。

夫妻兩人僵持不下，我只好讓丈夫抱寶寶先到外面等候。留下她，單獨談。

「問題沒有那麼簡單啊，醫生……」

她說，自己憂鬱的原因是「錢」，肇因是「房貸」，那是難以負荷的全新三房電梯華廈。

她原本過得平順。工作後，分期買了一間小套房，後來加上男友的協助，加速還完了貸款。兩人婚後就住在屬於自己的小窩裡，直到去年發現懷孕，娘家的母親突然強力介入，主導她賣掉小套房，換購目前的新房。

「我媽說，套房不適合養小孩。我是認為孩子還小，而且我們只打算生這一個，套房還夠住個幾年。但她堅持要我趁機換掉，拿套房的錢來付頭期款。剩下的，她會出。就說房子絕對會漲，不能不買。」

壓垮她的八百萬房貸

然而，她母親其實是躁鬱症患者，那陣子正處於精神亢奮，過度自信的「躁期」。那時候講的話，可以聽嗎？

「因為我弟早就與她鬧翻了，根本不理她。她就只剩下我這個女兒。我再不聽話，她會崩潰的。」

她為了息事寧人，終究無奈地接受了母親的安排。但就在她坐月子時，母親的情緒穩定下來，這才跟她說自己投資股票，虧損慘重，無法幫她的忙了。

問題是，目前的房貸高達八百萬，遠超過他們的償還能力，讓她備感壓力。

她抱著孩子在新房子裡徹夜痛哭。哭到老公以為她是新手媽媽，因為壓力過大而生病了。

「原本沒有貸款，也不用付房租，輕鬆的日子，卻突然變成背債八百萬。我為什麼要聽媽媽的話，我對不起我老公……寶寶還這麼小，只能靠老公一個人上班賺錢。洞這麼大，該怎麼辦才好?!嗚……嗚嗚……」

「聽話」後的慘況

我抽著一張又一張的面紙遞給她。我想像著八百萬的重量。如果以月薪三萬元來算，不吃不喝不繳稅，就要二十二年。「聽話」卻換來這一種結果，這是多麼痛的領悟。

或許，她那寧願與母親鬧翻的弟弟，看似不孝，但其實是真正聰明的人。

知道母親的狀態不好，判斷力差，乾脆來個相應不理。忍得了一時的不悅，倒是換得了長期的安穩。

精神科醫師專業分析

她的案例讓我回想起大學時期，曾與朋友在他出國留學前的閒聊。他提及當年在父母的壓力下，大學時選擇了不喜歡的科系，那四年，他念得很痛苦，還差點畢不了業。

他跟父母抱怨過，但得到的回應卻是：「志願單是你自己填的。我們哪有逼你！」

對，就是這樣，撇得一乾二淨，連「我是為你好」都沒有。

完全沒有人要為他的痛苦負責，珍貴的大學生活就冤枉地葬送掉，也不可能重來。更因志趣不合，無法繼續深造，或以此做終身職業。

他的大學四年所學直接報廢，只因為沒堅持？只因為想討好？

至此，他徹底看開了。他不再管父母的現實考量，碩士就堅持換選自己有興趣的研究所，出國拿到學位之後，他就做自己喜歡的工作去了。

他或許沒有達到父母理想的成就——進大公司，位高權重，擁有高收入。但他樂在工作，自給自足。他為自己的選擇負責。

因為對方是長輩，就要聽話，這絕對是錯誤的

我們的社會很喜歡叫年紀比較小的人「聽話」。彷彿只要比較早出生，說的話就是對的。然而，你相信僅憑年紀大小、輩分，就能斷定誰對誰錯嗎？當然不是，也不可能。

為什麼不能單純考量誰有道理就誰對？我自己的經驗是，一個人的內外不見得一致。如果我們觀察周遭的大人、老人，就會赫然發現很多人只是外殼老去，裡面住著的還是一個擁有玻璃心，動不動就躺在地上打滾鬧脾氣的小孩。**「年紀」並不等同於「智慧」**，為老不尊的人們多的是。

所以，光憑對方是長輩就要聽話，這絕對是錯誤的。除非，你並不在乎自己的人生被搞砸，只要有可以歸罪、卸責的對象就好，可以開口說「都是誰害我的」就好（言下之意，我自己沒有責任喔），那麼，你就可以選擇乖乖聽話。

相信我，只要你願意，絕對有一堆喜歡干涉他人的長輩，爭先恐後地給你意見。但請你一定要有心理準備，**那些意見純屬「說說而已」，他們絕對不負責任**。將來，你只能私下埋怨，即使找上門去，對方鐵定不記得，或把責任推回給你自己。

然而，被搞砸的還是你自己的人生，例如，失敗的婚姻、痛苦的工作、龐大的債務、逝去的青春。這樣，真的可以嗎？

不要因孝順或討好而選擇聽話

很多人認為，「要我聽話，就該為我負責啊！」既然自己交出做「決定」的權利，應該要得到相對的「保障」，這樣才算公平。

可惜，這種想法太一廂情願。如果像是醫療，專業度太高，很難自己來，所以付錢給醫師診治，於是，醫師得為你做最好的建議與治療，保障你醫療的安全。但其他日常生活，非專業方面，既然都是成年人了，思考、判斷、決定、負責，本來就是自己能力所及且該處理的。如果自己放棄思考而讓他人決定，就像開車出門不看地圖，還讓別人掌握方向盤，最後迷路、繞路，甚或撞上山壁，這該怪誰呢？

有時候，我們明知長輩的想法不對，但為了「孝順」而選擇聽話。此時，就得明白自己的目的，就是不論是非，只為「討好」。

在這種狀況下，討好既然是目的，相對的「代價」，就要想清楚。如果不想付或是付不起，可就別乖乖聽話了。要是你拒絕聽話，長輩就會崩潰，這種長輩恐怕就是外殼徒老的玻璃心小孩了。你更該警惕他們所堅持的見解，真的正確嗎？如果，聽了照做，恐怕會完蛋吧？

子女會思考，為自己負責，**為人父母**多半會很欣慰，也樂得輕鬆。其實，只要不離譜到釀成大禍，**都應該要放手，讓子女嘗試，畢竟有誰能負責孩子的一生安穩**。

我們都會比兒女先走，把他們養成獨立的個人之後，就該功成身退，卸下父母職，專心去過好自己的晚年生活。

但有人就是會擔心子女，忍不住想要去干涉，甚至對兒孫輩都有意見，那可是自拆招牌的愚行，那也是暗示他們親自教養長大的子女是無法信任的呢！

所以，請別生氣子女有自己的意見，不肯乖乖聽話。因為，「聽話」意味子女不會思考，不比你優秀，一代比一代差。

精神科醫師教你突圍

對於上述案例中的她，待她哭完之後，我當時想到，有人說過，厲害的人從別人的錯誤中學習，中等的人從自己的錯誤中學習，最等而下之的人是徒然犯錯，依舊什麼都沒學會。

一堂八百萬的課

因此，我問她：「這堂八百萬的課，你學到了什麼呢？如果只是哭，甚至做傻事，但沒有學到任何東西，這學費就太昂貴且不值得了。」

她抿著嘴，含著淚，輕輕地點著頭。

她很可能願意痛下決心，認清母親就是個病人，在聽母親的話之前，要先判斷她的情緒狀態，不能一味討好，任憑擺布。

愚孝只會挖坑埋自己，甚至連累到丈夫與小孩。至於這間房子呢？或許還是讓她回去與丈夫討論之後，兩人再共同決定。至少，面對就是解決問題的開始。

至於，將來如果遇到類似的狀況，該如何判斷要不要聽話。我相信「付錢才是真愛」，請先想像一下，你願意付錢聽取某些人的意見嗎？例如遇到法律難關時，你會付錢給律師，因為算過這費用值得。

但，你會付錢給隔壁鄰居太太，諮詢她，你要選哪一個科系嗎？或是聽三嬸婆的建議，因此決定生第二胎嗎？恐怕是不會的。

所以，**當對方總愛到處評論，且免費奉送各式建議時，那絕對是不值得你參考的見解**。

你就當成一陣風吹過吧。因為當你認真又聽話，你以為對方會負責，但往往最後會失望的。

面對兄嫂的「恩情」勒索，他應該說「不」

在Line的家庭群組或臉書上，各種冷嘲熱諷、話裡藏刀，刺得他內心淌血，夜不成眠。

他雖然粗壯、結實，但因為多日無眠，即使是鐵打的身體，恐怕也快生鏽了，因此只好前來就醫。

我看他雙眼布滿紅絲，愁容滿面。雖然硬著嘴說沒事，但有點經驗的醫師，都不會相信他。

如果沒有找出背後的原因，而只是開安眠藥應急，除了效果可能不佳，長期心事未解，就有可能變成安眠藥依賴者。

在旁敲側擊之後，他終於逐漸卸下心防，吐露心事。

大哥的冷言冷語

身為六個兄弟的么子，當他出生時，大哥都快成年了。他們兄弟間的年齡差異很大，所以不僅玩不起來，根本還有代溝。還好父母給他的愛，即使家中食指浩繁，一點也沒少。

然而，么子女注定與父母的緣分最短。畢竟他出生時，爸媽就已經有些年紀了。在他高三時，媽媽生了場重病。他下課後，就是往醫院衝。然而，媽媽還是敵不過病魔，拋下他而去。

出殯那日，正巧是他的大學聯考。他崩潰地嚎啕大哭，他選擇送母親最後一程。但父親含著淚，硬打了他一頓，把他押去考場，還邊說著：「伊哪還活著，伊愛你去考試。人死嚨死啦，你自己愛顧好前途。」

因為高三時無法專心念書，加上聯考當時情緒極差，他最終只上了中後段的學校。

父親沒說什麼，湊足了學費，就叫他去註冊。

但大哥就開始冷言冷語：「念那一種學校？浪費錢啦。我賺的錢，怎麼給你拿去糟蹋了？」

父親一聽，沉下臉，斥喝：「你要念書，我是沒給嗎？我是只給你小弟上大學?!」大哥這才閉嘴。

兄嫂擺的架勢，比老父還像公婆

大哥早已結婚，大嫂與他在計較金錢方面，兩人簡直是絕配。他們與較晚結婚的二哥夫妻，常因為家庭開銷而吵成一團，往往都得靠父親出馬調停，才能停火。

哥哥、嫂嫂們的怒氣因此就轉向他。其實，三哥、四哥及五哥都已成年且在工作，只是還沒結婚，目前只剩他在念大學，還無法獨立，因此，任何的花費都會被他們唸半天。

好不容易熬到畢業時，三哥、四哥已經結婚，搬出去住，但年節聚會都得回來，不然就會被兄嫂檢討，私底下，更講得極為難聽。

他覺得家裡每天都像在打仗，毫無溫暖，他乾脆去住女友家，還比較清靜。然而因為疏於防備，意外中獎，必須奉子成婚……父親沒罵他一句，就去找媒人提親，按足禮數迎娶。

但兄嫂可就譏諷滿點了。說他挖父親的老本娶妻，又對他老婆挖苦，說搞大肚子才進門，沒給過她好臉色看。

自家兄嫂擺的架勢，比老父還像公婆。他年輕的妻子毫無防禦能力，常在晚上對他哭訴。

後來兄嫂的干預實在太過分，與他們大吵一架之後，他決定搬出去，這讓妻子欣喜若狂。他父親雖然捨不得小孫子，但也只是淡淡地叫他往後多回去。

然而，兄嫂在他回家看父親時，照樣不放過，唸他、罵他，就連他妻子也沒少嫌過一句。

如果他乾脆不帶妻子回去呢？兄嫂就罵妻子不孝，不懂做媳婦的道理。

而且，即使他們一家三口都住在外面了，他卻還是得分擔家用。

逢年過節的聚餐，也是兄嫂決定日期、場地及菜色，完全不管他的想法或意願，反正他就是得出席，得付錢。

在Line的家庭群組上，總少不了冷嘲熱諷

他不想回那個家，但又極度思念父親。

早已沒有母親陪伴的父親，應該很孤單吧？他這個么子又幾個月不回家，他老人家心裡會有多苦呢？但對父親而言，手心、手背都是肉，幫誰都不對。

我問他：「為了減少衝突，那麼就請父親出門，他們倆在外見面呢？」

他試過的。但他大哥就會叫姪子跟著監視。

之後在Line的家庭群組或臉書上，絕對少不了冷嘲熱諷。各種話裡藏刀，刺得他內心淌血，夜不成眠。

最近，他連父親的電話都忍住不打了，就是不想讓兄嫂挾著老父，對自己指手劃腳。然而，好幾個月沒見了，他內心的罪惡感日益加深，折磨得他漸難成眠。

想到父親已然高齡，猶如風中殘燭，他再與兄嫂僵持下去，何時才能承歡膝下？會不會哪天意外降臨，天人永隔？但難道他就因此得無止境地退讓，任兄嫂蹂躪？他真心不甘願啊。

吞下安眠藥，今晚或許能睡了。

然而，往後呢？這難解的家庭習題，能有圓滿的解答嗎？

精神科醫師專業分析

在傳統的台灣家庭裡，母親就像車輪的中軸，是全家的情感核心。一旦母親不在，子女就像船隻看不到燈塔，找不到回家的理由。

而父親就像木桶外的鐵圈，負責將全家人箍在一起。如果父親過世的話，兄弟往往會分家，各自獨立生活。

兄嫂爭奪家長的地位

像他遇到的狀況，就是母親已經不在，沒有負責感情潤滑的靈魂人物，誰都不買誰的帳。

雖然表面上還尊父親為家長，但畢竟父親年事已高，年長且掌握較多資源的兄嫂，自然會在有意無意間爭奪家長的地位，以致家中紛爭不斷。這時，難免就波及年紀最小又什麼資源都沒有的他了。

他並不知道大哥、二哥在爭著當「家長」，因此也把他當成兒子在管，但，儘管年紀差得再多，弟弟其實還是弟弟，不會變成自己的兒子。

況且，這小弟還是爸媽養大的，又不是哥哥們。所以，如果要「報恩」，誰對他有恩？

「當然是我爸媽啊！」他不假思索地回答。

「那你哥呢？」我問。

「我小時候，他們還不是在念書？他們結婚還不是爸媽出錢辦的？」

兄嫂以輩分綁架他

所以，**面對一個空有「輩分」，但對自己並沒有真正付出過的人，表面尊重他就夠了**。其餘的，不想做就算了。

請想想，同樣都是成年人了，如果他沒多做什麼事，又憑什麼自以為高人一等呢？**只想以「名分」、拿「道德」綁架，你大可不必理會**。

在以前的農業時期，社會幾乎千百年不變，生活經驗確實是活得愈久，累積愈多，因此年長有其優勢，值得敬重。然而，在現代的網路世界，資訊瞬息萬變，過時的經驗根本派不上用場。

如果活得久，卻跟不上時代，只會端個年長或輩分大的架子，但卻無實際修為，又有什麼值得敬重的呢？

所以，如果有人跟你講道理講不贏，最後只會拿「輩分」、「倫理」出來壓人，你大概也可以知道對方是什麼貨色了。

現在可是「少子化」，小孩稀少、老人氾濫的時代，倚老賣老、教訓後輩，其實很要不得。如果不自我收斂，可別等領教到「後生可畏」時，才又玻璃心的到處討拍拍。

精神科醫師教你突圍

回到他的家庭問題，想要一切都圓滿嗎？想要讓每個人高興，都不得罪嗎？那麼，**最先要改變的是他自己，因為他必須認清這是「不可能」的。**

認清自己不可能討好每一個人

畢竟，每個人的立場與利益都不同。順了姑意，就會逆了嫂意，哪有人人歡喜的解方。

唯有釐清「原則」，抓住「重點」，也就是「誰」最重要。對他而言，父親最重要。而需要保護的，還有他的妻小。其他的人，雖然有血緣，輩分也都比他大，但基本上都算外人。

在網路世代裡，家族親友的關係因為「社群軟體」而變得更密切了？還是反而變得更複雜了？相信很多人是苦笑以對的。

面對社群軟體帶來的困擾，請牢記，它們永遠是「工具」，並非「現實」。不管在網路上講得多沸沸揚揚，只要下了線，現實生活往往是另一回事。

最簡單的驗證法，就是只要「登出」軟體，拒接電話，甚至連手機都不用丟掉，照樣上網看新聞、看劇、打遊戲……，你就會發現真實出現在面前，與自己一起生活的人，才是最重要的人。

遠在天邊，靠著社群軟體叮叮咚咚的所謂「親朋好友」，絕大部分與你的生活毫無交集。

所以，以他被兄嫂以社群軟體圍攻的狀況，要怎麼處理呢？

首先，這些軟體都是在你的意願下，才會下載到手機或電腦上。反過來說，如果它讓你很痛苦，照樣可以把它踢掉。就像打電話一樣，維持通話得要雙方都有意願。

只要任何一方掛上話筒，對方也無從繼續轟炸。

退出「群組」

以Line為例，最簡單的就是——退出「群組」。像這一類型的情感勒索，通常都有Line的家庭群組，而強勢主導者會在上面進行言語霸凌。

如果你覺得，自己在群組裡只是挨打，那麼，就按個「退出鍵」，立刻海闊天空。你退出後，擔心會被成員吵？那麼，就在退出前，瀏覽每一個成員，把想封鎖的通通封鎖，然後再按退出。

退出後，如果還有漏網之魚，還跑出來吵你的，就見一個封鎖一個。

何苦要被人成天叮咚叮咚？那是聖旨嗎？可別忘了，**對方有權利發，但是，我們也有權利不看、不聽、不理會。**

如果對方是在臉書上發文、影射呢？那就更簡單了，因為臉書比較像「自媒體」，是自我揭露與抒發的性質，如果沒人圍觀，就稱之為「獨腳戲」。

如果對方發文的目的，是要你看，讓你生氣。那麼，你就直接去好友、封鎖，也就是什麼都沒看到呢？他又不能逼你去看。

不知道有人講自己壞話，就跟沒人講自己的壞話一樣，日子多舒爽。反而是對方發文之後，就會陷入等待。如果等半天都沒反應，那麼就換他自己生悶氣了。

對於來電冷處理，或將電話放在旁邊

如果對方是用電話奪命連環call，以企圖轟炸呢？手機都有內建「黑名單」的功能，**如果你將對方的電話號碼輸入「黑名單」，那麼，當對方再打來，就會永遠是「忙線中」**。

如果擔心家裡有要緊的事，例如長輩生病、送醫，那麼可不能沒接到通知，那麼，就還是**照接電話，但只要對方開始罵人、嘮叨……就把電話放在旁邊，去做自己的事吧**。

對方有打電話的權利，你也沒有失禮、拒接，可是沒人規定一定要把話筒貼在耳朵邊。

等三十秒之後，你再拿起電話確認。若對方掛斷，那就算了。如果對方還在線上，你就問他想講的重點是什麼。

如果對方再亂罵，那麼，就再把電話擱到旁邊。

打電話總還是要錢，多交手幾次之後，對方會發現如果不講重點，你就會置之不理，他的情緒宣洩也會被你冷處理，他往後來電，自然會收斂多了。

最後，或許還是有不知分寸，總是跑到你面前，想拿輩分壓人的長輩。**如果遇到這種人，你也僅需冷靜地質問對方，曾經幫你付過什麼費用，幫你做過什麼，以及你該報什麼恩情**。

如果都沒有，只是長輩自認「看不過去」，或是「想要講一講」，那麼他就是等同於路人甲，可以請他閉嘴。

我們需要報恩的對象，當然侷限在有為我們付出過的人。像上文中，他哥哥也是被父母養大的，跟他一樣，都是接受恩情的人，哪能因為年紀比較長，就自以為是施恩的人，還對弟弟頤指氣使。

他的兄嫂如果要人報恩與敬重的話，應該要去向自己的子女要求，而不是對自己的弟弟要求。

他聽完之後，決定無視哥哥們的干擾，只要專心孝敬老父親就好。

我也希望他的失眠，可以從此痊癒。

小三的黃昏

他信誓旦旦地說：「我的初戀就是你。我只想要你啊。」
讓她不淪陷，也難。

她與安眠藥結緣是從丈夫死後。

有時，她會想著，如果丈夫還在，她會過成這樣的人生嗎？

當年丈夫生病就走了，沒有留下任何錢財，卻留給她兩個年幼的女兒。被迫成為單親媽媽的她，只能搬回娘家，拜託母親照顧女兒，好讓她出外工作，賺錢養家。

為了小孩，她靠著安眠藥，度過每一個難以成眠的憂愁夜晚。

娘家的父親也是早逝，她母親靠著替人幫傭，養大她與弟弟。弟弟已在外地成家立業，落地生根。家裡就剩母親與她，帶著兩個女兒。全家都是弱女子。

母親時常看著她，心疼地說：「可憐的女兒啊，為什麼跟我一樣命苦？」

張眼四望，在這簡陋的家裡，連一個可以倚靠的男人都沒有。

當國中初戀同學出現

幾年之後，偶然間，她被國中同學聯絡上，邀她去參加同學會。

她本來不想去，畢竟自己現在這樣，與老同學有什麼好見的。但拗不過同學的盛情邀約，她就去了那麼一次，誰知就此改變了她的命運。

那次同學會，昔日與她互有愛意的男同學竟然出席了，還立刻認出她來。當年她因家境不允許升學，國中畢業後就開始工作，與他無法再相見。他則繼續唸書、創業，現在已是頗有資產的老董。

一路順遂的他，還娶了一個凡事以他為中心的柔順老婆，生了兩個兒子，可謂是「人生勝利組」，與她判若雲泥。

雖然，她不想與他重續前緣，怎知他用盡辦法，透過同學，約她出來。她平常除了工作，就是家事，幾乎忘了自己。他的精心安排，讓她感受到前所未有的寵愛，不淪陷，也難。

他信誓旦旦地說：「我的初戀就是你。我只想要你啊！」得知她的處境不好，他陸陸續續接濟了一些金錢。她不拿的話，家裡過不去。拿了，她心裡又很過意不去。

而他依然慷慨，連她的女兒都帶出去玩，彌補了她們所欠缺的遊樂園、玩具、吃大餐、新衣服……雖然不清楚他的來歷，但女兒都很喜歡這個叔叔，而他竟也喜歡嘰喳喳的小女孩。

他開始遊說她：「我只缺個女兒，好想要有女兒啊。我老婆不能再生了。你幫我生個女兒嘛……」

她成為小三

在他的積極勸說與保證撫養下，她勉為其難答應了。畢竟，她實在寂寞又很疲累，如果有人可以依靠，養一個他的小孩，不正好是一個強大的維繫。

上天終於給了她一次幸運，讓她一舉得「女」。他高興極了，負責任辦了領養，只差沒進他家的戶口。

這樣也好，免得給他老婆發現，那可就不得安寧了。

自此，他按月給她費用，足以支付全家的開銷。她的母親當然有起疑，但她騙母親，說他在中國經商，所以不常回來。還好母親不識字，無法查證，得以蒙混過去。

他則偶爾來訪，主要來看小女兒。當時全家人都沒人想到她竟然是別人的「小三」，而小妹是私生女。

當女兒問「爸爸怎麼不回家」，她的心比誰都痛

但她自己是知道的。她的閨密也看不慣她當第三者，最後挑明跟她說：「你都不擔心自己這樣的示範，會讓女兒們以為當小老婆是正常的嗎？」

她當然知道這是錯的，但孩子都生了，能夠塞回去肚子裡嗎？每當女兒問起「爸爸怎麼不回家」時，她的心比誰都痛啊！

沒想到，時日久了，他的熱情逐漸消退。錢雖然照常匯來，但他愈來愈少出現了。

她又回到了孤單寂寞冷，但他是那麼的霸道，覺得有給錢就算負責，不准許她另交男友給他「戴綠帽」。最終，她的日子與守活寡也沒什麼差別了。

小女兒的回嗆，讓她絕望

近年，大女兒結婚，二女兒出國工作，更加重了她的孤單。前年母親過世後，她陷入漫長的憂鬱，更加夜不成眠。

他卻連來安慰都沒有，只叫她去看醫生，要她自己保重。

她的情緒實在太糟了，有時吞了藥，也睡不著。迷迷濛濛之際，她曾經跑去鬧唸高中的小女兒，要她將來別像自己這樣。

然而，小女兒似乎遺傳到她父親的冷血，只是嗆她：「這是你當時自己做的決定，沒問過我吧？」

她為之一愣。

之後，小女兒又補了一句：「你現在又有什麼立場，要求我別做『你做過』的事？」

對她一槍斃命。

原來，在女兒的心目中，她是這樣的不堪。她的人生如此辛苦，卻得不到任何尊敬？如果連小女兒都這樣看她，將來小女兒離家獨立之後，她就只能成為「孤單老人」了吧？

精神科醫師專業分析

女人之間的「弱弱相殘」

提到婚姻裡的小三，一般人的印象多是狐狸精、搶別人老公……諸多的負面評語，簡直就是女性的公敵。但這種既定印象，其實只是女人之間的「弱弱相殘」。是誰背棄婚約？肇事的男人反倒置身事外，看著女人爭奪他而樂著。像她變成別人婚姻的第三者，就是因為喪偶，加上經濟弱勢，被男人趁虛而入，就此無法脫身的案例。

這種被卡住的無解狀態，造成這一群女性的集體憂鬱，期望哪一天能「扶正」。但受得了元配，或她的子女的怨恨嗎？能不擔心這個有前科的男人，又偷吃別的女人嗎？

如果甘願永遠是「地下夫人」的話，那麼，就是漫無天日的隱藏，只能分點零碎的時間。孤單時沒伴，遇到難關，得自己處理，這與單身有什麼差別，甚至是更加痛苦吧。

所以，婚外情通常會激情消退，卻折磨日深。撐到緣分盡了，也就散了，毫無指望的孽緣。

她默默吞下苦果

不過，她遇到的男人是一個在個性與經濟上都強勢，給錢不給人，但也不放手，就像是在圈禁她。

他很有信心她不敢鬧，否則一旦讓他老婆知曉，法律會先處置她。

雖然他是首謀，但畢竟他是家庭經濟的來源，老婆絕對不敢連他一起告，而是將所有的怒氣都轉向外面的女人。

而且，她為他所生的女兒，對她更是強力的束縛。因為要養小孩，她不能不忠，否則可能會被斷金援。受限於學歷的中低收入，她絕對無法獨力養活自己與小孩，她只能默默吞下苦果。

在這段關係裡，哪有公平可言。「人無遠慮，必有近憂」，她一時心軟，為了成全男友的心願，再生了個小孩，卻忘了這涉及到另一個人的人生。

她無可奈何地當了別人婚姻裡的第三者，又何必拖著孩子，當私生子女呢？如果要說不公平，那麼，無法選擇父母的孩子，恐怕認為自己更委屈啊！

她逃避自己的真正問題

即使父母再不堪，子女通常還是深愛父母的。所以，她也不需要為了一句話就喪氣，認為女兒蔑視她。

但身為長輩，要人真心尊敬與喜愛，不是靠輩分壓人，也不該用道德或情感綁架，而是以身作則，讓人打從內心認同才是。

小女兒最受不了的，應該是她只想以藥物處理表面，卻逃避去面對真正的問題——情感空虛、缺乏安全感。

而她服藥後又不好好睡，偏偏去鬧小女兒，還咬定小女兒會犯跟她一樣的錯。在這種狀況下，誰還能平心靜氣？所以，那很有可能只是小女兒的「氣話」，她不需要那麼悲觀、絕望。

但是，這樣的狀況不可以長久下去。畢竟她都已經發覺到問題，如果遲遲不肯處理，無論用藥或是喝酒，都只能救急，並無法真正紓解壓力與改善情緒。

甚至，如果因為長期使用藥、酒而成癮，影響到神智，出現混亂的言行，會更惡化親子關係，或讓男人更想逃離，這將使她的處境更加艱難。

如果她想要自救，絕對要冷靜下來思考，從長計議，切莫再短視，而輕率作為了。

精神科醫師教你突圍

我會寫她的案例，並非是幫小三們開脫。當小三只是狀態，她們之間沒有共通點，可以說，每個人背後都有自己的故事。

當然對於元配來說，這實在太不公平了。元配全心全意為丈夫付出，丈夫卻偷偷開外掛，不僅身體偷跑，還把家中的資源往外輸送。

元配與丈夫打拚的事業，甚至有些是娘家的資助，為何要讓別的女人坐享其成？

該被責備的應該是丈夫

是誰造成這種不公平？其實，小三並非入侵的竊賊，而是丈夫這個「內賊」欺瞞妻子，破壞兩人的婚姻合夥，自己偷享另一段感情。

他同時誤了兩個女人，但因為是經濟提供者，所以沒人敢清算他的罪。或許，他覺得自己對於兩邊都有照顧，根本毫無愧意呢！

不過，她再怎麼難受，也不宜公開這段關係。目前，在台灣，通姦並未除罪，如果被告就要有蹲牢的準備。即使修法之後，還是有民法伺候，免不了要付大筆的賠償金。況且，如果元配告她，是一定會成功的，因為小女兒的DNA就是通姦的證據。她總不能說是借他的精子做試管嬰兒吧？

讓小孩成為證物上法庭，好判母親的罪，這對子女是天大的傷害，所以，她絕對得隱形到底。

別拿孩子當婚外情的「紀念品」

早知如此，何必當初？所以我會建議那些已經或正想變成小三的女性，千萬別一時心軟，點頭為那男人生小孩。有男人差勁到連認都不認自己小孩，例如某香港電影名人。但若男人付了養育費、安家費，小三就會被綁死死，彷彿生活在玻璃牢籠裡，不但孤單獨對黃昏，還得被子女埋怨。

如果沒有小孩，當想愛的、該玩的、該拿的好處都經歷過了，一拍兩散就好。千萬別拿孩子當婚外情的「紀念品」。這對孩子來說，實在太殘忍了。

但是，對她而言，說這些都太晚了。小女兒會講出那樣的話，想必是已經思考很久了。

小女兒對於自己的出身無法選擇，還要被母親擔心會複製人生悲劇，這是在檢討被害人嗎？我建議她，永遠別再開口提出這一類的擔心。

如果她不能釋懷自己的錯，那就好好講述苦果，讓女兒引以為戒。不要反過來，處理得像是：「我犯錯，所以這是每個人都可能會犯的錯。我的錯誤已成，檢討無益，那麼我就來監督你不要犯錯。」

這種**表面上「我是為你好」的想法，邏輯根本錯亂**。作賊喊抓賊，難怪逼得她女兒反唇相譏。

對孩子懺悔，尋求母女和解

目前，她除了認罪，對孩子懺悔，尋求母女和解。另外，還能補救的，就是**提升小女兒的自信，肯定她存在的意義**。

例如，她可以對小女兒說：「即使我與你爸在一起不對，但你的出生是沒有錯的。」教導小女兒切割清楚。小女兒也不需要承接上一代的罪，她只要為自己的人生負責就好。

每個人終究得面對自己的人生。在與女兒的衝突之後，她終於開始擔心「一個人的老後」。

能說她太後知後覺嗎？她現今的困境，就是昔日錯誤決定的後果——選擇分享別人的男人，就注定沒有完整的伴。

剛開始的時候，男人猛獻殷勤，讓她誤以為這樣也就夠了，哪有想到熱情會衰退，他逐漸抽身，留她守活寡。

而且他給錢是要養小孩，可沒說要養（小）老婆。所以，當小女兒成年工作之後，或是他比她早離開人世的話，金源絕對會斷。

這根本是不平等的契約。當年的她，卻傻傻地接受了。

當別人的小三，不僅不能期望有老伴，就連退休金都沒有，遺產也沒辦法分，那麼，她的養老該怎麼辦？難怪某些小三會想方設法挖男人的錢財，畢竟養老就得靠年輕時的累積啊！像她這種太過老實，平常沒多挖錢財的小三，早就該拉警報了。

如果不趁還有體力時，多兼點工作，賺更多，不然就得找對方，開誠布公地談清楚。

他老婆陪他打拚事業，可以分得遺產。那麼，她陪他的歲月，是否也需要一點回饋，確保她的晚年不至於悽慘、潦倒？

不過，以這個男人的自私度，後者實現的可能性，恐怕很渺茫。

「獨老」是未來的常態

最後，只能說，以目前的社會趨勢，「獨老」恐怕是未來的常態。

不管生了幾個小孩，想要兒孫簇擁終老的，多半會失望。所以，也別糾結與擔心這一個問題。乾脆就接受它，開始做準備吧！

首先，心態要改變。別認定沒人陪，就是不幸。很多人想要人陪，原因出在無法與自己相處。如果是光靠自己，就能享受人生樂趣，獨老也會有自己的精采。

但是，**獨老要有本錢——獨立的心、健康的身體、足夠的老本，這些，從年輕時就要開始準備。**

能夠獨老的長輩，也會讓子女感覺輕鬆，願意多探訪。現代年輕人低薪，又機會少，如果還要負擔父母的養老，反倒會想逃吧。

為逃離火坑，卻跳進另一個火坑
——她被仙人跳了

「明明最壞的人不是我，為什麼是我最慘？」她真的不懂。

戀愛、結婚，他們夫妻都是專業人士，共組雙薪小家庭，育有一雙兒女。

她原本擁有一手好牌，過著平凡，加一點小確幸的生活。但曾幾何時，丈夫的工作往下走，愈換愈差，最後竟賦閒在家，靠她一人，獨撐家計。

丈夫拿她的錢，還要刺她幾句

女人如果沒上班，通常重心會轉成照顧家庭，但男人如果失業，多半只剩失志、抱怨與說話帶刺——「以為我閒著沒事幹，想指使我當『瑪麗亞』嗎？我只是『還沒』找到好工作罷了！你有上班，賺幾個臭錢，就了不起了？」

她得維持工作，兼顧小孩與家事，還得供養老公四處閒晃，承受親友的「關心」——連公婆都不敢當面問他，怕刺傷男人的玻璃心，卻狂把壓力往她身上灌。

「有問題的人，又不是我，為什麼都找我?!」她曾經抗議。

「唉呀，『能者多勞』嘛！」（這種話，有沒有很耳熟？）

在蠟燭多頭燒之下，她早已過勞，且內心充滿怨懟。夫妻關係也降到了冰點。

「我是個『女人』，需要愛，也需要心理慰藉，但他就像冷淡的刺蝟，拿我的錢就算了，還要順便損我、刺我幾句。夜深人靜時，我覺得好孤單……我需要有人能理解我、陪伴我，給我溫暖……」

她在網路上外遇了

於是，在偶然的機會下，網路情緣搭上線，並迅速延燒為現實裡的乾柴烈火。

她對男友愛到無法自拔，她說自己終於重新體會到活著的感覺。而在愧疚感的折磨下，她選擇向男友坦承已婚的身分。

「沒關係，我可以等妳整理好。」

令她難以置信的體貼反應，讓她毫無懸念，選擇提出離婚。但，丈夫寄生慣了，哪裡肯依。

這些年，都靠她在撐。如果她要離婚，他要求她還得讓出小孩監護權與房子。她陷入僵局。因為，丈夫只是無業，並無家暴或其他不良行為，所以，除非按照他提的條件，兩願離婚，否則很難重獲自由。還好，男友沒有催促。

他這樣好的男人，竟然願意等她，也不介意她有兩個小孩。她想，上天終於看到她的辛苦，終於彌補起她了。

直到某一天，她偶然翻到他掉落的身分證，讓她大驚失色。

「你?!有老婆?!你從來都沒有說過啊……」

「都這個年紀了，『結過婚』有很奇怪嗎？」

男友若無其事地將身分證抽回去，對她解釋：「我們都已經辦好離婚了，只是還沒換新身分證罷了。」

原來如此。也對，都這個年紀了，又不是有問題，怎麼會沒有婚姻紀錄。

她竟然就相信了，還幫他合理化，並沒有考慮再去進一步確認。她也相信，他正是自己命定的靈魂伴侶。

一記火辣的耳光襲來

然而，就在某一天，她還睡眼惺忪之際，他起身去開了門，又躺回了床上。她翻個身，想問他是誰來找，卻被腳步聲、快門聲、女人咒罵聲給嚇醒。瞬間，一記火辣辣的耳光賞到她的臉頰上，打得她七葷八素。

一個強悍的女人抓著她的頭髮，把她從床上拉扯下來，狂罵她：「賤婊子，狐狸精，勾引我老公！」

她痛得眼淚直流，眼角卻瞥到男友坐在床角，好像局外人一樣，正拿起打火機點菸，任憑旁邊徵信社的人對著衣衫不整的她猛拍照。

「如果我有罪，這種罪怎麼可能一個人獨犯?!而他老婆卻對他撤告，只告我。」她憤恨不平，想找男友理論，但遍尋不著。

男友唯一現身的時候，就是出庭提出對她不利的事證。男友絕情、冷漠得就像個陌生人。

因為要保住工作，所以她只好付了大筆罰金，避免蹲牢。但男友的老婆卻以刑事判決為由，要求她民事賠償上百萬。

她被欺騙了感情，竟然還要賠款?!她心想，那麼，如果讓丈夫去反告對方，或許至少可以制衡。

但，這時，她才發現，當時男友總叫自己要刪除通訊紀錄，以免被丈夫發現。那時，還以為男友行事細心又考慮周到，現在想起來，原來是要讓她沒有證據可以反告。

最後，紙包不住火，她丈夫發現自己被戴了綠帽，以此訴求離婚，並趁機協商到優渥的離婚條件。

當她出現在我的診間時，她已經心力交瘁，生無可戀了……

「我好想死……我每天工作，賺的錢，還要被扣給那一對男女。房子、孩子又都在前夫那裡，我什麼都沒有。我被婆家鄙夷，連娘家也對我搖頭。這樣的人生，有必要活著嗎？」

「我到底做錯了什麼？為什麼我會這麼慘？」這是她最大的疑問。

精神科醫師專業分析

她做錯什麼了嗎？明明她算善良，也承擔了很多。難道女人就只能受苦？如果敢找人愛自己，分擔辛苦，就要被這樣懲罰嗎？

不是的，這只是因為**她身處婚姻中，但卻沒認清楚婚姻**。

別忽略婚姻裡的法律面

基本上，**「婚姻」除了是社會制度，更是「法律契約」**，本質上屬於「無限期」「合夥」的契約。**除非死亡或離婚，不然一旦結約就終生綁定**。

由於婚姻不只牽涉到當事者兩人，還有雙方家庭、子女、財產分配、權利義務……這部分，在「民法」裡有明定的條文。而且，在台灣，目前連「刑法」（會被判刑、坐牢）都還有「通姦罪」。

如果沒有認清楚婚姻的現實面，**將「婚姻」與「愛情」劃上等號**，以為相愛就結婚，不愛就離婚便是，或**誤認結婚就是「保障」**，結婚就「從此過著幸福快樂的日子」，**那可把婚姻想得太簡單了**。

剛剛提到婚姻與法律，裡面可沒有「愛情」這個要項。很多時候，連「道義」也找不到。

時間、境遇、周遭的人，隨時都在改變著你、我。當初用心選擇的良人，並不無可能變成了熟悉的陌生人，而當年的誓約，也變成了束縛。

精神科醫師教你突圍

此時，再怎麼難受或不堪，**我會建議已婚者，永遠別忘記婚姻的法律層面**——法律無法主動保護善良的人，頂多能保護「懂法律」的人，甚至是「利用法律的惡人」。如果深受婚姻的折磨，卻忘記考慮法律問題，小心被有心人吃到屍骨無存。

請先解除婚姻關係，再去尋找新戀情

首先，請專心先解除婚姻關係，再去尋找新戀情。就像身上的衣服不合身，憋屈

到無法呼吸，是該先脫下來，換上其他件衣服？還是，繼續穿著，但套上其他新衣服？

這例子正是說明，不先辦好離婚手續就談新戀情，就像不先脫下不合身的衣服，這絕對可能成為致命的威脅。畢竟，在道德與法律上，通通處於理虧的位置。

再者，別妄想自己的異性緣真有那麼好。如果真的有那麼好，那麼，當初怎會挑到這麼糟糕的配偶？況且，對方如果真的那麼好，為什麼會輪到自己的頭上？

如果一個人在某個年紀後，仍然「單身」，請務必提高警覺。或許斯人有疾、債務破表、背後有人……可別光顧著逃離火坑，反而跳進萬劫不復的火山口。

不能因為結婚就安逸度日

最後，**結婚前，要有心理準備。人是會變的，心更是**。不能因為結婚就安心，就安逸度日，而是要隨時注意且調整彼此的關係，或許能在事前就化解危機。

即使如此，有時也會出現再努力也無法挽回的局勢，這時，就得靠平常所維持著的「應變」能力，例如：工作、存款、家人支持……即使哪一天過得不好，也不至於被吃死死，而能夠瀟灑拆夥，笑著說再見。

法律是無情的。**一般民眾，尤其是女性，常認定「通姦罪」可以維護婚姻，保障自己身為配偶的權利**。但，台灣的法律有「但書」，讓提告者可以片面對配偶撤告，而只告第三者，因此衍生了相當大的道德危機。

例如之前鬧得沸沸揚揚的狼師案，被害女子因為提不出強姦事證，又被加害者的妻子威脅要告通姦罪，而委屈隱忍。於是，惡法造就了狼狽為奸的夫婦檔，一個負責加害，一個負責斷後。甚至像前面案例裡，讓人根本懷疑男友的太太，就是仙人跳的共謀者。

未來，即使「通姦除罪化」還無法被全民接受，至少該先去除此但書，「要告全告，要撤全撤」。想要坑殺他人，自己也要付出代價。這樣，或許可以減少無辜受害者吧！

她拉著老闆跳樓……

她回診時，焦慮地抱怨：

「老公說要把我送去療養院，孩子也不把我當媽看。」

她的人生看似平常。普通的成績，穩定的工作，年紀到了，就結婚生子。

不過，十幾歲的時候，她曾經無故消失了三天。被人發現的時候，她竟然是在山間的公路上遊蕩。

回家之後，她過了三、四天才逐漸回神。

家人覺得她恐怕是「中邪」了，心想帶去「祭改」，就應該沒事了。

不過，幾年之後，她又在工作時突然放空。家人帶她回去休養了一週，她就又可以如常上班了。

邊緣人的生活

這種奇特的經歷，沒人想重來，而她自己最想忘掉。偏偏在她產後幾天，她又恍神了。

這一次，她還會自言自語、傻笑，根本無法照顧新生兒。她的丈夫只好把寶寶送去保母家，好讓她回娘家靜養。

娘家母親對此頗為不諒解，她認為女兒是被苦毒，沒坐好月子造成的。還好，生第二胎時，平順無事，家人也逐漸淡忘。只當成犯沖、卡到，化解掉就沒事了。

她與子女的互動頗為平淡，工作閒暇時，大部分都在上網購物。家事也不太做，常常需要娘家母親就近過來打點。

雖然她工作、有薪水，但錢幾乎都被她購物花光了，家裡堆滿了無用的物品。她對別人的抱怨都不太當一回事，不論在家或在公司，都是邊緣人的生活。

引爆她的焦慮

怎知有一天，公司突然宣布要更新電腦作業系統，這讓她慌張極了。她發現自己學不太來新的系統，這可會讓她飯碗不保啊。累積的焦慮、壓力，導致她嚴重失眠，只好前來就醫。

在用藥物處理之後，她的緊張度下降了，加上睡眠改善，她終於能耐著性子，適應了新系統，也解除了此次的危機。

然而，鋪天蓋地的食安新聞，再度引爆她的焦慮。她擔心到禁止老公與小孩吃外食，尤其是油炸食物。

但她親手做的菜餚，少油、少鹽、調味差，家人不但拒吃，還抗議，讓她又急又氣。一旦家人買外食，她焦慮到奪下鹽酥雞、串烤、排骨便當……就是不給他們吃，惹得丈夫與小孩都很生氣。

她這是要餓死人嗎？最後，在妥協下，丈夫全面外食，她與小孩就近回娘家吃晚餐。

然而，日子並沒有平靜太久，她突然在工作時恍神了。她整個人呆坐著，對叫喚沒有任何反應。

這家公司的同事沒看過這種狀況，連忙通知她的家人。娘家父母本想依照經驗，讓她在家裡待幾天就會好。

沒想到，這次她的狀況不同。她會頂禮膜拜，又哭又笑，還想往外衝，很難照顧。父母拖著她來就醫。我問她話，她都不回應，只是睜著雙眼，活似個娃娃，但又突然拿出銅板來擲筊，跪下、磕頭。

我問起病史，她的父母才說出以前她曾發作過三次，這讓我速速將診斷從「焦慮症」改為「思覺失調症」。

我心想這事情嚴重了。

建議住院被拒

「看起來是精神病急性發作。我開張轉介單，去住院吧！」我建議像這樣混亂的病況，應該住院治療。

但她的父母哪捨得女兒被「關起來」。他們還是想拿藥回去，想自己照顧。

這對醫師來說是艱困的決定。如果讓病患回家，該給予什麼藥物？如果病患在家，病況突然有了變化，也無法有調整用藥的機會，誰能預測到後果？

還好，她對藥物的反應不錯，半個月後就「回魂」了，銷假上班。然而，她在返診時，表示不想吃藥。

「我知道那是什麼狀況，我不會再讓它發生了。我清楚那一種狀況，我控制得了的。」

雖然她很篤定，但我無法同意即刻中斷治療。

幾個月之後，在她苦苦哀求下，我只好讓她慢慢減藥，最後停藥。

她也認定自己已經「痊癒」，不再返診。

她拉著老闆到樓頂，想往下跳

但半年之後，她的父母又帶她出現了。父母說：「她這幾天又有點恍神，但不肯請假。老闆遇到她的時候，覺得她怪怪的，叫她去辦公室談。誰知道，她竟然拉著老闆到樓頂，要帶他往下跳。」

她依然不回話。眼神空洞，自語、傻笑，魂魄似乎已飛到九重天外。

「都這麼嚴重了，應該要住院了吧？如果讓她在家，她要往外跳，那可怎麼辦？」

然而，她的父母依然拒絕帶她住院，表達還是要自己照顧。

還好藥物依然有效，一個月後，她還是好了。

深陷於憂鬱裡

或許，這一次她是直接嚇到老闆，因此公司拒絕讓她重返工作，寧願給她資遣費，請她直接離職。

她都這個年紀了，哪能再找到像原公司那樣的工作。回到現實的她，反倒深陷於憂鬱裡，成天躺在床上，對家人也頗有怨言。

她回診時，焦慮地抱怨：「老公說要把我送去療養院，孩子也不把我當媽看。不過，醫生，別再開藥了。老是吃藥，沒病也吃到有病。」

精神科醫師專業分析

精神科的門診除了會談與諮商外，重點還是在處理疾病。

她多次恍神的原因是「思覺失調症」（舊稱「精神分裂症」），症狀為幻覺、妄想、怪異言行、思考混亂、脫離現實等，最後導致「無法維持原有功能」。例如，身為學生，無法念書，廚師不會煮菜，主婦做不了家事等。

「思覺失調症」雖然不會致命，但會讓病患與家人的生活陷入一團混亂。

「思覺失調症」與「先天基因」、「後天環境」有關

「思覺失調症」的病因不詳，研究者研究了數十年，仍無定論。我們以前開玩笑常說，找得到病因的人，絕對能得諾貝爾獎，可見病因有多複雜。

不過，目前還是有基礎共識，普遍認為發病與「先天基因」、「後天環境」有關，且兩者會互相影響。

「基因」就是遺傳體質，也就是愈多近親得病的人，發病的機率愈高。因此，醫師常會詢問家族病史，作為診斷參考。不過，常見家族病史強的人還是好好的，而祖宗十八代都沒有病史的人，反倒生病了。所以，遺傳因素只能算個概率，並非鐵律。

至於環境因素，就是所謂的「壓力」。如果基因帶得強的人，遇到壓力就容易發病，而基因帶得弱的人，壓力再大，也沒事。所以，別再拿他人來比較了，說誰抗壓好，或指責病人：「你怎麼不行？」

每個人的體質不一樣。像有些人基因帶得超強，即使過得平順，也會莫名其妙發病。可惜，目前還無法確定病因在哪些基因，所以想檢測基因也是不得其門而入。

只能說，沒必要的壓力，還是少一點好，誰都不能確定自己體內沒有未爆彈。**思覺失調症雖然不會直接致命，但如果不治療，後果會很嚴重**。

上述案例裡的她，拉著老闆跳樓，雖然被攔下了，但就此失業。不少病人被聽、幻覺逼到自殺，無端喪命。還有病人去找鄰居尋仇，或是成天報警，讓整個社區無法安寧。

病患沒有「病識感」，處理起來相當棘手

然而，病患通常沒有「病識感」，病患根本不覺得自己生病了。他們反而會說：「到處都是監視器，食物跟水的味道變很怪，我們才是被害者。」或是：「鄰居老是故意敲牆壁，家人卻說沒有。」因而懷疑家人是共謀。

也有人感覺受到外力影響，例如：「有人在操控我的身體。」或是「被某個力量牽著走，無法自控。」

病患往往覺得自己含冤莫白，認為旁人不幫忙伸張正義就算了，竟然還被人當作「精神病患」。他們往往認為：「是這個世界瘋了。應該要先處理那些壞人，怎麼會要我吃藥呢？」因此，**病患很少會主動就醫、治療。即使病患拿到藥，也不吃。處理**

起來相當棘手。

不過，**思覺失調症不只會影響生活，還會損害腦部神經細胞**。大腦受損之後，病人會思考僵化、反應遲緩、情感淡漠、腦袋空白……就像年輕版的失智症。而且退化之後，就很難再復原了。所以醫師都會建議病患及早治療，以保護大腦。病患的能力維持得愈好，家人的負擔就愈輕。

精神科醫師教你突圍

每每想到她，我最後悔的是，尊重她的意志，讓她過早減藥、停藥。如果我當時堅持不退讓，她是不是至今還持續工作著？甚至能做到退休呢？但那恐怕只是為人醫者的一廂情願罷了。沒人能強迫別人接受治療。病人如果不回診，醫師又不能去家裡抓人，押著他們吃藥。

遇到沒有病識感的病人，醫師得先自己心理建設，謹記如果病人不想自救，醫師再想救，也救不到。

身為病患家屬，壓力之大，非外人能想像

此外，我想對家屬說的是，你們辛苦了。**如果家人罹患精神疾病，壓力之大，完全不是沒有經歷過的人所能想像。**加上擔心遭受異樣的眼光，那種心中的苦往往無法對別人講，只能自己默默承受。

因此面對病人時，如果他／她因為缺乏病識感，而不肯就醫，或拒絕吃藥，甚至還抱持著敵意。原本的一片好心與擔心，卻被當成壞人，那真是無比心痛。

但是，**這種疾病如果拖愈久，對病患會愈不利。真愛他／她，就不能捨不得，**一味保護，反而壞事。就像在家裡養著一頭怪獸，眼睜睜看著牠吞噬深愛的家人。

請聽從醫師的診斷與建議

所以，如果醫師建議住院，那是為了「保護病人」，不至於因症狀（怪獸）而受傷、受苦。

像她第一次發作時，失神、遊晃多日，其實很可能發生意外。產後發作的那一次，要是丈夫沒注意到要採取行動，要是「聽幻覺」命令她往外跳，或有一股「力

量」推她跨出窗台，那麼可能在一瞬間，母子就共赴黃泉了。

因為**精神科急性病房多為「封閉式」設計，門窗與出入都有足夠的安全措施，遠比住家更能防止意外發生**。

況且，病患住院治療的同時，家人也不需要再整天緊盯，能夠獲得些許喘息。家人也才不會比病人先倒下去。

藥物治療也是為了「保護病人」，減輕腦細胞受損的程度。雖然，抗精神病藥物還是有一些副作用，例如：鎮靜、發胖、動作遲緩……但經過調整用藥與身體適應後，副作用往往都能降到最低。

台灣曾經廣建精神療養院所，但因藥物突破性的發展，讓很多病人只需回門診拿藥，或是轉到社區復健中心，因此長期住院的需求逐年下降。抗精神病藥物總體上能幫助病人脫離收容，過著較有尊嚴的生活。

生病時，建議尋求正統醫療

不過，在健保體制下，正統醫療幾乎無利可圖，因此有心人士就另闢蹊徑，抓著民眾「諱疾忌醫」的心態，大肆曲解正統醫療。

他們把藥物醜化成毒品，要病患改信宗教，或轉上付費課程，趁機推銷昂貴的保健食品、神水、符咒等。他們雖然說要拯救病患，但其實是拿他人的苦難當搖錢樹。

曾經有病患抱怨他們被趁機斂財——做過一場十幾萬的法會、繳了百萬元功德金，經歷了多次的收驚、祭改、驅魔……最後卻還是回到門診，找醫師收拾殘局。

我記得以前查房時，常常遇到家屬拿著符紙化水，要求我們拿給病人喝。如果喝出問題，誰要負責？

不傷身，且不被騙錢的另類療法，如果能安慰到家屬，也就罷了，醫生都會睜一隻眼閉一隻眼。不過，依照臨床經驗，**當病患與家屬愈心慌時，就愈容易吸引到神棍**。往往病沒治好，卻先破財。所以，生病還是建議先尋求正統醫療，可以確保療效，更不會被當成肥羊宰。

最好的治療方式

哪一種治療方式是最好的呢？我認為就是**整個家族一起來支持病患**。

我曾希望她的丈夫、子女都能同來，聽醫師講解病情。理解這是「病」，而不是她故意所為，希望她的丈夫、子女對她的態度可以轉變。

生病是很無奈的，而因此被丈夫嫌麻煩、想離婚，甚至說要被丟到療養院，這情何以堪。而孩子對於生病的媽媽，也不理解媽媽怎麼了，只是直覺地看不起她……

如果家屬都能前來了解病因、症狀、治療方式，一起提醒病患服藥、回診，規劃復健，讓病人做些簡便的工作，維持著能力，防止退化。那麼，對病人本身與家屬來說，困境並沒有想像中難以面對。

目前即使無法消滅疾病，但如果能和平共存，將負面影響減到最少，我認為，即使生病，以目前的醫療水準，也能安享天年喔！

成為醫師娘，就一輩子無憂？

她的問題早就存在了。
只是多年優渥的先生娘生活，讓她延遲了面對問題的時間罷了。

為什麼連那樣的女人，也能奪走原本屬於她的幸福？她過得愈來愈孤單，也益發慌張了起來。她無法理解，究竟事情是從哪裡開始出錯的。

回想自己的前半生，她從小念書不上不下。選護理科，只是分數剛好夠，加上長輩認為護理適合女生，她就選了。她哪想得到會被關在醫院裡，不見天日，但同時她也發現護理站裡，勾心鬥角加爭奇鬥豔的，全因男醫師是大夥競逐的標的物。

從外貌、科別到職等，她們暗地評比、分級每個未婚的男醫師，卯盡全力，求取青睞。畢竟，搶奪好對象是有時限的，自身年紀愈大，愈難嫁為醫師娘。年過二十八，就絕對沒戲。

還好，她五官秀麗又高挑，外貌占盡優勢。在交往幾個醫師之後，她嫁了牙醫，晉身醫師娘。

老公自立門戶，開設診所後，收入頗豐。置產、買車，讓她生活無虞，只需照顧兩個兒子。

丈夫外遇，與她離婚

本來她以為自己會如此安穩終老，但卻在結婚滿二十年時，殺出了程咬金。不，根本就是狐狸精。但這樣說也不對，因為丈夫外遇的對象比他年紀還大，分明是個老黑妖。

丈夫不知去哪裡戀上這個「媽媽桑」。長得不美，渾身風塵味，哪像她保養得宜，且維持著苗條的身材。但他就是為那個女人痴狂，逼她離婚。

她雖然百般不願，但因為經濟都靠他。如果不同意離婚，他就連家用也不給。

她無奈地搬出去，每個月拿贍養費生活。

丈夫火速與那個女人結婚後，那女人卻拒絕搬進來，而是要丈夫在外地置產給她住。要丈夫有假期時，就去找她，兩人再開車出遊。所以，丈夫堅持要兒子的監護權，卻又不照顧他們的生活，這是怎樣的父親啊！

她新結交的男友，一衝動就暴走

那女人對她這個前妻卻防堵得很嚴密，連診所的員工都被下令，不准讓她進入。她原本的生活就是家庭與診所，立刻頓失重心。

她想去上心靈成長課程，或許能開悟，變快樂一些，然而前前後後花費了幾十萬，她還是沒有找到人生的意義，除了認識了個男友。

這男友也是心靈成長課程的常客。兩人相遇多次後，覺得彼此還聊得來，就開始交往。但他的收入只有她前夫的零頭，她光拿贍養費，就等同他的收入，兩人的生活經驗相差甚多。

他年過不惑還未婚，自然希望結婚、生子，但她的兒子都上國、高中了，她不想再生，況且也生不出來了。

她只想找個人相伴，而他想成家。兩人開始經常爭吵後，她發現他的情緒容易失控，一衝動就暴走。

雖然，他沒傷害到她，但看他崩潰、自傷，也很嚇人。為何他談過多段感情，卻都無疾而終，為何他會去上那麼多課程？她似乎有點理解。

她最捨不得的還是那個「家」

她還是忍不住去打聽前夫的近況，得知那女人一直狂花前夫的錢，但周遭新開的牙醫診所，也瓜分走病患，前夫好像沒有以往的闊綽了，還開始挑剔起兒子的花用，給她匯款，也常延誤，甚至暗示她去找工作。

「他不知道我離開護理那麼久，根本回不去了嗎？再來，那女人為什麼不必工作？每天打牌，鬧著他，帶她出去玩，占盡便宜。那本來應該是我的啊！」她說。

她最捨不得的還是那個「家」，房子的裝潢、擺設都是她的心血結晶，但卻因為乏人照料而染塵。

她偶爾回去看兒子們時，對此感嘆萬千。但兒子們卻不以為意，畢竟，對青少年而言，房子只是睡覺的地方，父親只要給錢就好。

她盼望前夫想起她的好

沒過多久，她與男友分手了，加重憂鬱症狀，因而住院。

她在病房裡格外出眾，但卻散發著「閒人勿近」的氛圍。她還是盼望著前夫能想起她的好，與她破鏡重圓。

但前夫就是寧可與那女人互相糾纏，吵鬧、爭執到影響工作，陷入病患流失的惡性循環裡。

兒子們也只顧著自己，想著長大到外地念書，離開就好。唯有她孑然一身，眼看著就要孤單終老……

某日，她突然找我，對我說：「醫生，我昨晚做了個夢。我搭著火車，前夫站在月台上，火車開動了，愈離愈遠。但我看到他的臉，依然很清晰，目送著我。你說，這夢是什麼含意啊？是說，我要跟他告別了嗎？」

很可惜，我的專業能力並沒有「解夢」這一項，所以這個問題，無法鐵口直斷。

我只能反問她：「你真心想與前夫斷絕嗎？」

如果能從內心與前夫切割，她因婚變而停擺的人生，才可能重新啟動，駛向下一站。否則，在怨婦的泥沼裡陷得愈久，愈難以脫身。

精神科醫師專業分析

其實，面對她的詢問，當時，我沒講出口的是——「你的問題早就存在了。只是多年優渥的先生娘生活，讓你延遲了面對問題的時間罷了。」

女人應該思考自己的人生，也要居安思危

她本來就沒怎麼思考過自己的人生，沒有定見而隨波逐流，得過且過，怎麼好，怎麼過之下，被別人決定自己的命運，恐怕是無可避免的宿命。

此外，**居安沒有思危，潛在風險就是缺乏「應變能力」**，遇到婚變，就無法反擊。

人無遠慮，必有近憂。人心最不可靠，且天有不測風雲。**對方不變心，也可能出意外**。女人千萬別以為婚姻或感情能保障自己，能依靠的，還是自身的能力與財力。

此外，**沒有什麼是「本來應該都是我的」**。別人賺的錢，想與誰分享是他的自由，何況都已經離婚了，前夫、前妻就只是熟悉的路人甲，沒有責任與義務。猶如合

夥人一旦退出公司，就不應該再把公司後來賺的錢，都當成自己的一樣。所以，或許她只能當成託前夫的福，多過了幾年，並非她原本能負擔的優渥日子。緣分盡了，她只是回到原點而已。

沒有自我的前夫，最悲哀

其實，她前夫可能還最悲哀。上半輩子賺錢養老婆、小孩，下半輩子賺錢給第二任太太。此生就是念書、工作、換個供養的對象。

有人關心前夫工作一成不變、無趣嗎？在高收入的背後，有同等的幸福、快樂嗎？從她的自白裡，能聽出她的算計與不甘，但卻缺乏對前夫的疼惜和了解。又為什麼前夫會臨老入花叢，寧可去歡場做火山孝子呢？或許，前夫根本就沒有自我。

小時候被父母管，長大被老師管，婚後還是全歸老婆管。拖到年紀老大，面對中年危機，驚覺再不叛逆，就此生虛度。

前夫一向窩在自己的象牙塔裡，缺乏社會歷練，所以遇到「很會」的大姊就暈船了。加上被管習慣了，對方可能只要撒嬌哭鬧，加上強勢要求，前夫難以招架，只能被予取予求。

像這樣休妻另娶，通常下場都很慘，元配撐久一些，就能看得到負心男的「現世報」。畢竟私人生活會影響到專業表現，絕對會陷入惡性循環。

是否因她前夫的「劫難」臨頭，後面不關她的事，上天才安排他們分開？那夢境也或許在暗示，前夫已陷入瘋狂，她應該將他留下，自己繼續前往人生的下一站。

小心處理分手，別激發出「恐怖情人」

至於她那位男友，只能說到了某種年紀，誰的人生會沒有故事。不管認識之後發現到什麼，事實上，都不需要太過訝異。

情緒問題或許是男友還單身的原因，但兩人最大的問題是「人生階段不同」。交往或許可以，但要當人生伴侶就嚴重不合拍。

然而，對於與情緒有狀況的對象交往，因女性在身體上相對弱勢，所以若要分手，必須多留心、注意，別傷害到對方脆弱的內心。**最好將分手時間拉長，逐漸遠離為宜**，以免因分手過快，激發出「恐怖情人」，就更難處理了。

精神科醫師教你突圍

有很多女性認為靠美貌嫁進豪門，或是獵取會賺錢的老公，是飛上枝頭做鳳凰的捷徑。

但**從她的案例可以看出，別以為此類婚姻就是「高收益型」的「終身飯票」**。外貌是會隨時間流逝，快速貶值的資產，而賺錢的「能力」不屬於她。一旦對方變心，飯票不僅有期限，還會被片面解約。

不過，如果反過來，自己有能力、有收入，就不用擔心哪一天成為怨婦，或許還可以給犯了失心瘋的丈夫當頭棒喝，狠狠敲醒他。

如果她早做好財務規劃，也了解法律……

例如，如果她早就做好財務規劃。一旦丈夫外遇，他就只能淨身出戶。光是這樣，丈夫就不敢亂來。

而**如果她懂得法律，知道要蒐證、抓姦，還能先提告，順便要求精神賠償**。即使要離婚，善用律師的話，她哪會只拿月給的贍養費。大可直接將婚後增加的財產對分，一次就把丈夫的身家砍半。

這是結算的概念，她協助他所累積的財富，等同她在婚姻中的付出。

這種方式，也可以讓奪夫的小三即使扶正，也無法得到原本覬覦的資產。至於往後，那就是他與後妻的造化了。

子女監護權的爭取

另外，關於爭取子女監護權，**如果她能舉證平常孩子都是自己在照顧，那麼，法官通常會視狀況，將監護權判給母親**。前夫則擁有探視權，並負責支付兒子的生活費、教育費。

請記住，並非經濟權在丈夫手上，離婚就得照丈夫的意思。況且，她如果能均分財產，加上擁有專業證照，去二度就業，那麼，對她爭取監護權也就更有利了。

法律向來是保護懂得法律的人，即使是主婦，也需要好的律師朋友。

認清真正的事實

但**在情感面，因丈夫外遇而離婚，幾乎會讓元配相當難堪，感覺被狠狠地否定**。像她最大的疑問就是：「她哪裡比我好？」「他寧可選擇她，意思是，我比那樣的女人還差？」

事實上，並非如此。**重點不是「誰好，才選誰」，而是「不是她」就好**。

他們夫妻之間可能早就出現問題，但她毫不知覺，或者丈夫認為與她之間的問題，除非「換人」，否則無法改變，所以往外發展。這時候，小三哪需要比元配好，只要是「別人」就好。

另外，也可能丈夫當時想要的、需要的是別種類型的女人，就像有人肚子餓，卻寧願買飯糰，即使家裡有馬卡龍，也不考慮吃，是一樣的道理，而這可不代表馬卡龍比較差喔！

別在心裡為前夫守貞

如果，她前夫只是一時暈船，想改吃飯糰，那為何沒和後妻很快分手呢？後妻可是社會歷練與年紀都超過他的大姊大。歷練過風塵，控制男人與情緒勒索的功力，想必也是一流。

即使前夫發現苗頭不對，但財務與法律名分上都被控制得牢牢的，甚至連診所工作人員都是她的人馬，那他可就插翅也難飛。也有可能是後妻的閨房功夫了得，把他「調教」得服服貼貼，馭夫有術。

兩個人會分手，有其原因；即使不分手，也必定有其原因。但最重要的是，這已經都是別人夫妻的事了。**她應該停止追蹤與猜測，甚至別被牽著情緒走**。否則，她根本沒真正離婚，還在心裡為前夫守貞。

如果復合，那是猜忌與擔憂的開始

她會繼續探聽前夫的動態，恐怕是期盼他哪一天想起她的好，會再度離婚，與她復合。最好前夫會痛哭流涕，下跪懺悔，將她迎回原本的后座。那麼，她的世界就可以回到正軌，全家也會幸福直到永遠。

如果她心裡還有這種想法，那真是大錯特錯了。

因為，她會發現即使把前夫回收了。經過這些時光，前夫早已變成另一個人，她不見得還看得上。

再者，她對前夫的信任早已崩毀。復合就是猜忌與擔憂的噩夢的開始，兩人終究難以長久。既然覆水難收，那麼，她就別再盼望破鏡重圓了，早早認清往昔的良人已死。有這覺悟之際，就是她重生之日。

放棄以往貴婦的心態

最後，她會拿前夫的收入去偷偷衡量交往的男友，這雖然是人之常情，但卻可能造成某些問題。

因為，百分之九十九的男性，都會被她先在內心裡打叉叉，怎樣她都不滿意，那麼，她能選擇的人恐怕所剩無幾。

況且，如果只是想找個伴侶，其實對方有正職就行了。她絕對要放棄以往的主婦，甚至是貴婦的心態，以為能讓對方負責所有家用，甚至是她的個人花費。以現在的狀況來說，一般人能顧好自己就算萬幸了，哪還能在家裡供著女王呢！

如果她不想要孤單終老，那麼，**她必須改變心態。她需要更開放地去尋找與欣賞異性**，別故步自封。因為，如果錢賺得沒有很多，但真的愛她，又對她好，應該更重要吧？

人妻的祕密情人

「不倫」的確有道德上的壓力，但讓她最難以啟齒的是，她外遇只是為了「性」。

她有一個祕密情人，他們的關係已經持續五年多了。

對方是離婚的男子，比她小七歲，女兒歸前妻撫養。既然對方沒有婚姻束縛，那麼為何要維持地下情？

大家對不倫戀的印象，常常是人夫與未婚女，也以為第三者都是女性，但這絕對是謬誤的推論。她是人妻，也才是問題的根源。

如果以為「紅杏出牆」一定是妻子水性楊花，那更是大錯特錯。她的婚姻美滿，子女都已婚嫁。她很珍惜目前所擁有的幸福。她才不想「談戀愛」。這樣，就更讓人跌破眼鏡了。如果不是戀愛，那為什麼外遇？

她苦笑著問：「女人外遇，就不能只是為了『性』？」

柏拉圖式的婚姻生活

她不是為了談情說愛才外遇，而是丈夫那方面「不行」。

丈夫比她大十多歲，因此對她呵護備至。她年輕時覺得這樣滿不錯的。但是，丈夫退休前，已檢查出糖尿病與高血壓，卻不肯配合治療。

丈夫退休後，性功能就開始出現明顯的障礙，但他依然拒絕治療，任憑情況惡化。

「他覺得隨著年紀增長，自己愈來愈清心寡欲了。他又不好色，根本沒必要治療性功能障礙。但他這時候就沒想到我了……他自己不想，我就得當活寡婦嗎？」

她雖然內心埋怨著，但基於女性的矜持，她也跨不過心理障礙去向他抗議。

於是，忙完家務的她，只能等丈夫回家。兩人吃飯、看電視聊天，他便回房間去了。不知丈夫是否想要逃避性事，沒多久之後，就說考慮到她淺眠，主張要分房睡。

她也只能默默接受，自己承受著孤單寂寞冷。

雖然她還是很愛丈夫，但難道她就得過著柏拉圖式的婚姻生活。直到死掉為止，再也沒有性愛、肌膚之親？

外遇的開始

後來，社區某個保全對她招呼得特別殷勤。她剛開始都客氣以對，只認為對方是基於工作，並沒有多想什麼。

但保全邀她加 Line，提到整個社區都有加入群組，這樣溝通、聯繫方便。

她不疑有他，爽快地互加了好友。他常常跟她問早道晚，她也好好地回覆。沒有去細看那是私訊，根本沒有其他組員。

沒過多久，保全因為公司調遣，得換到別的社區去了，提到想與她約吃飯、道別。

因為丈夫退休後，立刻有工作邀約，他早就展開事業第二春，每天依然早出晚歸。她做完家事後，幾乎就是空閒的，於是就慨然赴約。

沒想到，那一場飯局就是外遇的開始。因為保全換了工作地點，所以沒有熟人會發現他們約見面、吃飯、看電影。最後他對她告白自己的愛慕與渴望，再來相見就是滾床單了。其實，她猶如久旱逢甘霖，不僅身體得到充分的撫慰，因他的慕戀，也感到自信滿滿。

但，除了性之外，她並不欣賞他，也談不上愛。

相較於丈夫，對方缺乏自我期許，幾乎沒有上進心可言。或許，他老是賺不到錢，前妻受不了才帶著女兒離開吧？

她明顯感到自己是「外人」

以他保全的薪水，扣掉房租、生活費、給前妻七千塊，以分攤女兒的教養費後，他就是個月光族。

她覺得這樣繼續下去，根本不是辦法。她建議他上夜班，白天去上課，拿到看護執照。

他換到醫院工作後，因為男性的體能優勢，頗受臥床病患的好評。客戶排隊等他，收入提升不少。

即使因此兩人見面的機會減少，但她覺得還好。她可沒那麼飢渴，性事有就好，不用多。

只是，他常會忘記她的身分，以一副沉醉的表情，與她分享他女兒的事情。他總認為全世界就是自己的女兒最可愛。

她除了不以為然之外，還有些難以言喻的嫉妒。

她不喜歡自己會嫉妒，她根本毫無立場。但明顯感到自己是「外人」，還是讓她很不舒服，而他卻全然無感。

日益沉重的罪惡感

這半年以來，他們兩人見面的頻率更低了，但她發現自己反倒輕鬆。畢竟隨著年齡增長，換她也開始性趣缺缺。況且這種不倫關係，給她日益沉重的罪惡感。

加上與他的人生觀相左，她本來就不考慮與他長久走下去，分手只是遲早的事。

雖然不愛，但人相處久了，總有感情，哪能說斷就斷。她每次提到要分手，他都不肯放。她煩惱到失眠，情緒也愈來愈低落。

最近連家人都發現她不對勁，擔心她生病了，想要陪她去看病，卻通通被她拒絕了。她嘆著氣說：「我只敢跟醫生講，對家人，哪說得出口。醫生，你會不會看不起我？我又該怎麼辦呢?!」

精神科醫師專業分析

醫師關心的是「疾病」，關心你的問題是否因「病」而起，也只想著如何診斷與治療。除非，病人的某些行為會危害健康，醫師才可能會出言勸戒，沒事不會去當「道德魔人」，評論病人的私生活。

因此，看病時，大可有話直講，顧慮太多，反而會誤導醫師的思路，無法做出最佳的建議。還好，**她選擇講出內心最深處的祕密，不再自己承擔**。

外遇只是為了「性」

「不倫」的確有道德上的壓力，但聽得出來，讓她最難以啟齒的是，她打破「男人好色，女人重情」的刻板印象。她外遇只是為了「性」。

社會大眾普遍比較能接受男人因下半身衝動而外遇。女人如果因性需求而外遇，除了不貞，更被認為匪夷所思。難道女性也重肉欲？

為什麼女性就不能夠追求性滿足？而男人就可以振振有詞，說自己有「生理需求」？只要是人，食色，性也，根本不分性別。男人需要吃飯、睡覺，女人當然也需要，只要是人，基本需求都一樣。沒有哪種性別做什麼比較高尚，哪種性別做什麼就犯了天條。

說「女人不重性」，只是一種社會控制手段

或許，過往沒有鑑定生父與避孕的科技，父權社會就以圈禁、壓抑女性來監控血緣，演變到後來，片面要求女人維持單一性對象，性只是為了生小孩的手段。除此之外，女人最好不懂得性的樂趣，以免她們尋求丈夫以外的性對象。

所以，「女人不重性」，或許只是一種社會控制手段，並非事實。既然如此，她又何需以為自己是異端呢？

人性裡的貪

其實在我們談論的過程裡，她也愈來愈清楚自己的答案為何，但她不解的是，冒著被發現的風險、背叛配偶的罪惡感，為何陷於不倫的自己，還是明知故犯？

我也沒有正確答案，或許就是「貪」吧！明明已經承諾「一對一」的約定，但當

發現不足之處時，有時是自己逃避面對，或是對方不肯配合，導致困境無法改善。但自己割捨不了，或者配偶不肯放棄……問題陷於僵局之後，人便可能會往外發展，多拿一份婚外情來彌補缺憾。

如果彼此處於滿意的關係中，誰還想花心力去偷吃。**外遇的動機，通常只是說不出口，而不是沒緣由**。

就像她老公，對她真的好，對家庭也負責。她如果還抱怨他的性功能，似乎說不過去。但在面臨誘惑時，身體往往比理智更誠實。

「但，再情有可原，也是『貪』啊，因此承擔了罪惡感的折磨，代價不小。」我說。

因為貪得不該有的，因此有了道德的譴責與他人的制裁，是很公平的交換。

有必要受這種罪嗎？那就看個人的選擇了。沒人能說怎樣才對。

分手必然是痛苦的

她選擇與外遇對象分手，但真正執行之後，她相當痛苦，內心糾結著要不要答應他再見一面。

她的內心還是會想念，但她知道只要再相見，就會一而再、再而三，糾纏下去。

她不懂，為什麼自己的內心會這麼矛盾。

分手的本質就是「戒斷」，原本習慣的事物突然停止，不論身心都可能適應不良。就像戒菸、戒酒，即使以理智做了決定，身體也採取了行動，但在完全適應之前，整個人就是不舒服。

「感情」更是如此，即使知道彼此不適合，人還是傾向維持現狀。一旦解除原本習慣的關係，內心出現反彈，相當正常。

對於分手後的戒斷期而言，「時間是最好的療傷藥」。只要時間拖得愈久，痛苦愈淡。等到對方長期不再出現，你就會習慣沒有那個人的生活了。

如果在分手期太過痛苦，出現憂鬱、煩躁、失眠……也可以尋求精神科醫師的幫助，開些減緩症狀的藥物，以順利度過難關。

精神科醫師教你突圍

就像電影《麥迪遜之橋》裡的女主角，她有了婚外情，但為何選擇留在家庭裡，繼續忍耐，而不跟對方走？至於，另一部電影《送行者》，女配角則選擇拋夫棄子，與愛人私奔。

情愛以外的現實因素，是前者的首要考慮。後者跟著愛情走，但卻得冒著失去一切的風險。然而，**不論哪一種選擇，都有利弊得失。人生沒有正確答案**。

對丈夫誠實談「性」

但，即使結束了外遇，她與丈夫的房事依然是個問題，如何解呢？

我建議她，還是誠實以告。直說需要丈夫的愛，不然身心都要枯萎了。別怕被認為淫蕩，其實正好相反——男人若知道所愛的人很需要自己，這是多大的肯定啊！

或許當年丈夫是因她「裝賢慧」，誤以為她沒性趣，若他還積極治療就太好色了。

況且，兩人只要相愛，即使治療後，還是做不到全套，改以親吻、擁抱、撫摸，甚至以手口取代性器官接觸。

多方嘗試下，總能找到讓雙方滿意的方法。

將不倫斷捨離

至於要不要坦承自己的外遇？這就需要她靜下心來，仔細評估。**如果坦承不會更好，不說也罷。別因為想要卸下重擔，而硬讓人受傷。**

我建議她，好好想想，丈夫、子女會想知道嗎？讓他們震驚、憤怒，承受這些衝擊的目的為何。要讓他們自責對她的關心不夠？還是覺得自己該被重懲、受苦，這樣才得以贖罪？

其實，光是內心煎熬、失眠、憂鬱，她早已受夠罪了，哪還需要更多。還要拖誰一起受苦嗎？

其實，**她速將不倫斷捨離，不讓家人受到實質的傷害，恐怕才是最好的贖罪法**。

每個人的狀況不同，價值觀也不同，外遇後的選擇，自然不會一樣。

如果覺得原有的婚姻已經無法維持，對方也沒有誠意想攜手改善。當事人想與新歡共度餘生，那也是一種選擇。

只是，絕對不能任性地丟掉家庭，拍拍屁股走人。自己結的婚，生的小孩，曾做過的，都得好好負責。

該與元配辦好離婚手續，分好財產，談好子女監護權、教養費分擔，才能與新歡去雙宿雙飛。

隨便丟了就跑，將來要是變成沒人理的孤單老人，那鐵定是「現世報」。如果讓元配與子女，感覺被拋棄而內心受創，變成精神科常客，那也算罪孽深重。

別以為結婚就能綁住對方

我為什麼要寫這個案例？主要是因為很多人以為結婚就能綁死對方。兩人的關係從此穩固，不需用心維護。

尤其是婚後，心想人妻的身價大跌，不可能被「死會活標」，所以隨便對待，她都不會跑掉。這實在大錯特錯。

有些男人其實專門追求人妻，就是看準人妻通曉房事情趣、沒立場要求名分、不敢聲張婚外情，大可吃了就跑，玩弄感情不負責，卻沒什麼後遺症，簡直是「好吃又不黏牙」。

所以，**千萬別漠視配偶的需求或抗議**，以為對方跑不掉，只能接受你給的條件。外面後補的小三、小王，可是排隊站啊！

而且人妻外遇時，通常會更加低調。所以別以為人妻絕不可能外遇，那只是因為她不給人發現罷了。

當人妻攤牌時，也不見得是選擇「小王」，而可能是決心「休夫」。我的經驗是，當人妻在我診間裡講得咬牙切齒，在家裡的老公，卻還看著電視怡然自得，這都讓我內心猛冒冷汗。

分手的藝術

最後，我提醒她的是「分手的藝術」。想好聚好散有幾個重點：一、把分手的錯，歸咎自己不好，以維護對方的自尊。二、千萬別嫌棄、指責對方。三、讓人受傷後，又被羞辱，就有可能引發不理性的反擊。

「恐怖情人」沒有絕對的判斷條件，但從過往行為或許能推測。像案例裡的外遇男友，他當年的離婚過程和平嗎？他對前妻是否有死纏爛打、恐嚇威脅，甚至施暴過？**「預測一個人的反應，最可信的指標，是他過往的行為模式」**。如果對方過往的紀錄不佳，請考慮不要交往。

如果交往前不知道，後來想分手，最好先逐步疏遠。拉開距離後，讓情感自然淡掉。避免激怒對方，以免遭受無謂的傷害。

想想那一些社會版頭條的受害者，請別讓自己成為下一個。

輯三

從原生家庭……自我覺察生命裡的黑洞與盲點

我殺了自己的女兒

頂樓遺留的手機，存著女兒剛剛發給她的訊息——

「媽媽，對不起。我沒資格做你的女兒。我好累，努力不下去了，這條命就還給你吧……」

出生於貧苦人家，她無法升學，國中畢業就出來工作了。

婚後因丈夫生性懶散，家計常入不敷出，讓她苦不堪言。還好正逢房地產飆升，仲介業不要

求學歷，且工作時間彈性，她為了養家活口，不得不做此選擇。

但因搭上景氣的順風車，即使工作高壓又辛苦，她倒也賺取了相當的財富。只是丈夫最近中風，她還得帶他就醫與復健，更加忙碌不已。

要不是有三個寶貝女兒，這場婚姻就像在「還債」，有苦無樂。

既是全家的支柱，也是獨裁的女王

在生活的淬鍊下，她愈發強悍，脾氣日益暴躁。她雖是全家的支柱，但更像是獨裁的女王。

為了要讓女兒們出人頭地，不再受她以前的苦，除了送她們出國念書，她還讓每個女兒學習專屬才藝。

她將以往渴望卻不可得的，毫不保留地傾注在女兒身上。即使有人戲稱她為「虎媽」，她也一笑置之，畢竟這就是她「愛」的方式。

小女兒學的才藝是小提琴，連不懂音樂的她，聽女兒拉琴，也會感動。但因為怕女兒自滿，她絕口不提，以免女兒忘了精進。

小女兒也最貼心，主動提到暑假要回來陪她。高興歸高興，但為了不讓她的琴藝荒廢，她託人介紹名家，讓女兒短期學習。

沒想到女兒聽到了，竟然意興闌珊。

她氣得在電話裡大罵，直到女兒哭著道歉，才罷休。

她知道自己「性子急」、「嘴巴快」的缺點，但她只對家人這樣，對外人並不會。

況且，做人重要的是心地善良。她認為只要出發點是好的，修辭才不重要。

母女尖銳對立

小女兒終於回來了，雖然亭亭玉立，但卻毫無朝氣，也時常欲言又止，讓處事果斷的她，看著心裡就有氣。

這一點，她忍住不對小女兒抱怨。但她上課時竟然心不在焉，出現諸多低階錯誤，讓老師打電話來抱怨。提到小女兒若沒心想學，就不要來浪費時間。

那時候，她丈夫正因高燒多日得住院，加上最近案件量減，她已經夠心煩了，所以一回到家，就對女兒破口大罵。

她罵起人來，是很難停的。愈罵字眼愈難聽，連「垃圾」、「人渣」這一類的字眼都脫口而出，最後還撂話，要女兒不用再回去念書了。

小女兒一想到同學和朋友都在那裡，如果不能回去，跟被判死刑一樣。

小女兒哭著道歉，承諾說她會改，會專心學習。

但她的心意已決，說什麼都不肯退讓。

「這樣不是要我去死嗎?!」女兒哭著說。

「敢拿自殺來威脅？我瞧不起你。命是自己的。自己做的事情，自己負責。」

她甩上房門，不理會女兒拍門板，哭得柔腸寸斷。

冰冷的遺體

她覺得小女兒愧對自己的栽培，就讓小女兒哭吧。等小女兒哭累了，睡一覺起來，一切明天再說。

或許因為過度疲勞，她很快就沉睡了，一直到自家的門鈴響個不停才被驚醒。

她心想，是誰大半夜不睡覺，還吵人？

丈夫住院不在，至少小女兒應該先起來應門吧！還是年輕人貪睡，通通丟給老媽？

她又氣又無奈，打開大門。出乎意料，站在門外的竟然是警察與社區的保全。

「我們接獲報案有人跳樓。」警察說明來意，「保全說，看起來像你家的女兒……」

「怎麼可能?!」雖然這麼說，但強烈的不安感突然湧上。

她隨即衝向女兒的房間，發覺果真沒人。

她瘋狂地翻找家裡的每一個角落，哭喊著：「不要嚇媽媽！快出來！」

當她再見到小女兒時，小女兒已經是一具冰冷的遺體。

頂樓遺留的手機，存著剛剛發給她的訊息——

「媽媽，對不起。讓你失望了。我沒有資格做你的女兒，我對不起你。我好累，努力不下去了，這條命就還給你吧……」

女兒們最擔憂的……

聽到消息而趕回來的兩個大女兒說，小妹喜歡的男生前一陣子劈腿，讓她相當難過，想回家一趟散心。

「你們怎麼沒告訴我啊?!」難怪她會這樣。但是，為什麼都不講？

「她就說要自己說。怕我們亂說，你會生氣……」

「生氣？你們就那麼怕我生氣？」

兩姊妹彼此對看了一眼，立刻把頭低下去，深怕又被母親飆罵。

這就是她最疼愛的女兒，不管受到再大的委屈，最擔憂的，竟然還是她的責罵。

難道小女兒寧可死，也不願意向她求助嗎？

實情是她一再無視小女兒的痛苦、小女兒欲言又止的神情，只肆意地發洩她的不滿情緒。

女兒是代替她，背著她的口業，一躍而下……

「該跳下去的人是我，是我呀……嗚嗚嗚……」她捶著胸，恨不得打死自己。

兩個女兒見母親失控，嚇到趕忙疊抱著，護住她。三人哭成一團。

精神科醫師專業分析

有人認為「嘴巴壞，不是壞」，畢竟不是真的拿刀殺人，而如果是「刀子嘴，豆腐心」，那就更情有可原了。

但是，看完上面的例子，你還會同意嗎？

語言，能摧毀人

殺人不一定得動刀動槍，甚至不用親自動手，例如以言語逼人去死，就不算殺人嗎？

或許在法律上，言語傷人或殺人不算犯罪，然而，在道德上，其實是廣義的「罪」。孔子曾說，巧言令色者，常常不是好人，但是，說真的，嘴巴壞的，也別自以為是好人。

畢竟，「語言」擁有強大的力量，能「成就」人，也能「摧毀」人。每個人都是一座孤島，也沒有人會讀心術，往往只能藉由話語傳遞而來的訊息，判斷對方是善意，還是惡意。

所以，**千萬別輕忽語言這項「載體」，認為即使自己隨便說話，對方也不應該介意**。只要想想，有誰曾經講過很傷你的話，而當時對方對你解釋，那些話都是亂講的，他並沒有那個意思……難道你所受的傷，就能瞬間消失，彷彿沒有存在過嗎？那當然是不可能的。

因此，沒有管好自己嘴巴的人，就像揣著一把凶器，四處閒晃，並隨機亮刀砍人的「無差別殺人犯」。

千萬別像上述案例中的媽媽自我感覺良好，等誤傷到自己心愛的人時，可就後悔莫及了。

別輕易對家人口出惡言

對於「自殺」，在普遍相信「人定勝天」的社會裡，常常得不到同情，甚至被貼上負面標籤，認為是逃避責任、抗壓力差、草莓族。

然而，求生可是動物的本能。當一個人連命都不要的時候，心裡是多麼絕望。除非對方明顯就是以此綁架他人，換取好處。否則**當發現對方有自殺意念時，請千萬要提高警覺**。嘴上喊著要自殺的人，有很高的比例，並不是說說而已。

況且，在前面的案例裡，當媽媽把女兒罵到毫無人格，不讓她回學校，又拒絕道歉，甚至鄙夷女兒最後的求救訊號……這種狀況下，當事者其實沒資格說自己看不起自殺的人。因為，把對方逼到絕境的人，不就正是她自己嗎？

就像把人砍到重傷，當對方說：「這樣下去會死掉的。」出手者卻說：「真是不耐命。這樣就要死了？」偏偏很多人，通常是優勢者，例如父母、師長、上級，明明人是被他們逼到絕境的，他們卻若無其事地檢討受害者。

或許有人認為，被罵幾句就自殺，這女兒也太脆弱了吧？如果這樣就自殺，那麼，早點淘汰掉也罷。網路上，並不乏這類的酸民言論，常常看得我冷汗直流。

事情往往不是像表面上那樣簡單，別隨便評論，甚至說出死掉剛好之類的話。

小女兒到異國求學，不但適應了新環境，還學習艱難的才藝，甚至長期忍耐母親的脾氣……我想小女兒本身的抗壓性絕對沒問題。

只是，剛好情傷未癒，又被最愛的母親徹底否定。一個人被最愛的人狠狠拋棄，會不絕望嗎？所以，請不要對家人口出惡言，因為就像他們不知道你今天遇到什麼，你也不見得知道他們剛經歷過什麼啊！

永遠缺席的爸爸？

不過，在這一個案例裡，你有發現一個透明人嗎？那就是永遠缺席的爸爸。表面上，**爸爸人是在的，但卻不負責任。任憑壓力全集中在母親身上**，既不安撫她的情緒，也不制衡她的蠻橫。看似祥和的生態系，其實絕對是互相制衡的。

某一方過於獨大、獨強，正暗示著有些地方有缺陷，失衡一久，就易釀災。

母親會恐怖到把女兒逼死，遠因是**長期下來，總是自己獨扛壓力，因而不得不變得如此強悍**，而躺在醫院稱病的爸爸，或許才是元凶。

精神科醫師教你突圍

回到家庭與婚姻的經營，我多年的個人經驗是，**「說話」很重要，千萬別覺得自己「心好」就行了。**

悶不吭聲，讓人感覺冰冷，猜不透在想什麼。話多嘮叨，活像精神轟炸。而否定式、摧毀式的言語，即使對方是敵人，都還不太厚道，更何況是拿來對付深愛的家人。可千萬別逞一時口舌之快，絕對會後悔。

但如果遇到氣得要死，恨得牙癢癢的狀況時，該怎麼辦呢？那就想想這個案例吧。再怎麼生氣，對方是在自己的眼前，活跳跳的好？還是死掉的好？想必是前者。

所以無論遇到什麼事情，就請先冷靜下來，慢慢談。如果火氣又上來，那麼就請你再思考一下，你要不要半夜被警察按電鈴……

父母別將自己的焦慮轉嫁給孩子

在目前社會競爭愈發激烈下，**集體焦慮變成現代父母的共通症狀**。

「我是為你好！」這句話，幾乎每個小孩都聽到耳朵長繭。

但真的是為了小孩好？還是，就像這個媽媽一樣，**其實是在女兒身上偷渡自己童年的願望？不肯輸人的逞強？**

要證明自己有資格當父母，那好，就先戰勝自己的焦慮吧！我們為人父母的，應該先面對自己的焦慮，而不是將自己的擔心化為壓力，轉嫁給子女。不成功，很平凡，那又怎麼樣？絕大多數的人都這樣，甚至可以說，這樣才是「正常」。

把小孩逼到非常成功，或許有很感謝虎爸、虎媽的子女，但長大後，記恨在心，老死不相往來的虎子、虎女，絕對更多吧？而自殺過世的孩子，不也常常上新聞？

試問，如果失去了親情，沒有了愛，那麼，所謂的成功又算什麼呢？

別傷害自己

最後，建議面對「嘴巴壞、嘴巴賤」的人（即使自家沒有，在外面絕對會遇到，而網路上更多），無論你心裡多麼氣，也千萬別拿自己的命去抵。

這種人的特性就是「說完就忘記」。**他們說話傷人只是「反射」，他們毫不用心，也不用腦。你跟他較真，他根本失憶。**

但因為說話的當下還是「故意」的，所以，他的「口業」還是深重，將來他們會自作自受的。因此，如果對方根本不當一回事，根本會忘記，那麼，還值得你氣到去賭上自己的命嗎？

所以，如果對方嘴壞、嘴賤，你若氣到，就是罵回去。再氣，就K對方，絕對不需要傷害自己。

但如果嘴壞、嘴賤的是自家人，甚至是長輩呢？那麼，就離家吧！別用自己的命來懲罰對方，那會毀滅一整個家，還有最重要的「自己的人生」。

最親的人，卻傷她最深

「血緣」不等於「親情」。

既然是不明理的母親與家族，那麼，離開就是不得不的自保手段。

這輩子，她做錯的第一件事，恐怕是「投錯胎」。

身為只有十三歲的小媽媽的長女，她從出生的那一刻起，就是個災難。

被丟棄的人球

母親自己就是個孩子，根本還想玩，不會照顧她。從有記憶以來，她就被兩邊的祖父母丟來踢去，活像個爹不疼、娘不愛的人球。

只比母親年長三歲的父親呢？如果不是在外鬼混，就是在蹲牢，而回家就是找母親出氣。

她哭著撲上去想保護媽媽，卻只引來更多的拳打腳踢。

即使如此，母親卻莫名討厭她，常不給她飯吃，對她惡言毒語，氣起來就狂罵：「沒有用的東西。愈長愈像你爸，只會害人的傢伙。」

什麼都不會，像個孩子的媽，倒是很會生。幾年後，媽媽又生了個弟弟。

多了一個弟弟與自己一起顛沛流離，她覺得比較不孤單嗎？但**奇怪的是，弟弟鮮少被罵，讓她不得不懷疑——自己真的是做錯了什麼。**

從小哭到大，她早已沒有眼淚

長大之後的學生日常，就是永遠沒有乾淨的制服、夠用的文具，費用總是缺繳、同學歧視、老師不悅……

母親總是歇斯底里的，自殺是家常便飯。有時候，一起床就看到母親不知何時割的腕，血跡斑斑、奄奄一息。打電話叫救護車嗎？別傻了，家裡付不出醫藥費的。她只能先去學校請假，回來幫母親包紮完傷口，再回去上課。

更慘的時候，是她被母親毒打到骨折，無法上學。那時候，她發現連幫自己請假的人都沒有。

怎知，這還不是最慘的……偶然間返家的父親，遍尋不到母親討錢，就對因傷無法動彈的她性侵，還丟下一句：「你跟那賤女人長得一個樣，欠幹。」

從小哭到大，她早已沒有眼淚了。這一切，無人可講，講了，也沒有人會相信。大人會咬定她說謊，祖父母會袒護父親，母親會罵她「賤人」，連自己的爸爸都勾引……在這種重男輕女的家庭氛圍裡，為了自家興旺，就得維護男丁。千錯萬錯，都是她這個女孩子的錯。

終於，在國中畢業那一天，她逃家了。學校畢業，也掙脫了家（枷），她自力更生到現在。

帶著原生家庭的詛咒當陪嫁

「身無分文在外面，很苦吧？」她聽了只搖搖頭。再苦，也不會比家裡苦。外人再狠，也沒有親人傷她的深。

多年之後，她曾回家去看過。母親後來思覺失調症病發，成天自言自語。嚷嚷著說她害自己這樣，動不動就叫著她的名字，詛咒著她……到底是什麼深仇大恨？她真的不懂。

終於，她遇到想攜手一生的對象，但在論及婚嫁後，她赫然憶及原生家庭的詛咒——這樣的父母，能夠請到婚禮上當主婚人嗎?!

男友不解她的反應，總認為「天下無不是的父母」。再怎樣，都過去了，要她趁機與父母和解。她無法向男友坦承這些不堪的過往，只能一如過往地埋頭工作，用成就感來填滿自己。

但她很清楚，內心猶如沙漏般，一點一滴，在流失中。

她，從來沒有完整過

大約從半個月前開始，她發現自己愈來愈起不了床，也逐漸無法工作。即使醒著，也只能癱在床上發呆，了無生趣。

男友看著像爛泥的她，沒說什麼話，自己出門工作。

「他看不起自己了吧？」「像我這麼沒用的女人，終究會被拋棄吧？」「不要啊，我好不容易有了自己的事業，要建立自己的小家庭了。我一定要振作才行。」

當她奮力掙扎，連滾帶爬，攀上餐桌喘息著，卻正好抓到桌沿的水果刀。

那刀鋒冰涼的觸感，瞬間帶入母親割腕的記憶——啊，這麼沒有用的自己，乾脆死掉算了。與其被拋棄，不如死掉算了……

當刀劃下去的那一剎那，她發現自己竟然感覺不到痛。

痛徹心扉的傷，是從內心撕裂出來的。而她，從來沒有完整過。

精神科醫師專業分析

當女性懷孕、生產，就能成為「名義上」的母親。至於父親呢？那就更簡單了，或許幾秒鐘就行了。

然而，成為「真正的」父母，教養子女長大，讓子女終身感念，這與「名義上」

的父母，兩者之間的差異有著天壤之別。

不是每個人都來自幸福家庭

所以，「天下無不是的父母」，這句話根本邏輯不通。成為父母的門檻這麼低，而當好父母的責任是那麼高，並不容易通通做到。

所以，如果你有好的父母，那絕對是超級的幸運與無上的福分，請務必好好珍惜，別當作理所當然，甚至認為別人家也理應如此。

「幸福的家庭都是相同的，不幸的家庭各有各的不幸」，很多悲慘除非親身經歷，否則根本難以想像。

就像上述案例中的男友，或許他成長在正常、幸福的家庭，堅信別人都與自己一樣，因此以「天下無不是的父母」來否定女孩經歷過的苦難，這其實是毫無覺知的殘忍啊！

別以「婚姻」掩蓋「犯罪」

回到這個案例本身。這樣的悲劇原本有可能中止嗎？或許有可能。如果，大人當時願意多考慮一下，當時願意多承擔一點。

請想想看，一個才十歲出頭的小女孩，基本上還是個「兒童」，會想偷嚐禁果嗎？這實在讓人起疑。或許當年原本是「性侵」，但在懷孕後，雙方父母為了名譽，息事寧人，就把兩個未成年的孩子送作堆，結婚了事。

以「婚姻」掩蓋「犯罪」，讓生下來的小孩能擁有「婚生子」的「名分」，這是一舉兩得嗎？但就是**這種鄉愿思維，造成許多女性世代延續的悲劇**。

犯罪就是犯罪，即使辦成喜事，也改變不了罪惡的本質。

女孩的外祖父母當時應該提出告訴，而不是將女兒送入虎口，讓女兒與加害者變成夫妻。**加害者不可能珍惜被害者，包括無辜的小生命**。

這種「鋸箭法」，只會讓問題爛進根本裡，還會「禍延三代」（自己帶孫、女兒壞掉、孫輩不幸）。如果當時能幫女孩伸張正義，盡早進行流產。休養後，讓女孩返回學校，完成學業，至少就能獨立謀生，而不是拖兒帶女、飽受家暴，又因為缺乏能力與學歷，陷於難以脫困的絕望。

在這種狀況下，憂鬱、貧窮、自殺、兒虐……幾乎是無法避免的惡性循環。

母親從受害者，轉變成加害者

如果，父親是加害者，祖父母輩是推手，那麼，這個家族的「暴力骨牌」一路推向了母親，讓她從原本的受害者，轉身將暴力加倍地撲向最弱勢的女兒。

很多人會覺得，「為母則強」、「母性是天生的」，哪會有女人會對親生子女下毒手？但是，當一個女孩被性侵懷孕，接著被逼婚。這個社會彷彿就是在告訴她，暴力等同婚姻。

而婚後的家暴，不也在在說明，婚姻等同於暴力？她的婚姻裡，怎麼會有親子之情？怎麼會有愛？

當同齡的女孩都在青春歡笑，自己卻只有尿布、奶瓶，還要天天面對哭鬧不休的嬰孩，她會不怨懟嗎？於是，女主角自然成為首當其衝的「妄想」對象——「老娘的悲慘都是你害的。」（這時候都是怪罪『弱者』，而不敢怪罪『加害者』，人性啊！）

即使有些人發展不出父性、母性，但嬰孩永遠需要他人的照顧，才能存活，對於父母的孺慕是百分百的天性。所以，常見到不管父母多離譜，子女還是渴望著親情，極度希望受到父母的肯定，因此還是會把父母的話聽進去，信以為真。

就像女主角那樣被洗腦。**明明做錯事的是大人，自己卻擔著「沒用」、「害人」的罪名，讓她從小就缺乏自信**。完全是大人造孽，小孩受罰。

精神科醫師教你突圍

我想對上述案例裡的她說，**「血緣」不等於「親情」**。

除了「血緣」不等於「親情」，很多時候，更是有緣無分的。雖然是自己的父親、母親，但一點也不「親」的所在多是。

請選擇離開，以自保

當精子與卵子結合時，每個人都是全新的個體。即使外表再像，你也不是他。冤有頭，債有主，母親那樣遷怒是錯的。這是柿子挑軟的吃，也是欺負弱者的行為。

既然是這樣不明理的母親與家族，那麼，離開就是不得不的自保手段。

至於，小時候母親為什麼要把她罵成那樣壞呢?那就要從心理學來談。

人說出來的話，常是內心的投射。會不會母親在罵她的時候，內心卻是自己的父母上身，痛罵當年的自己?（書沒念完、搞大肚子、丟人現眼、沒用透頂……）而被罵的孩子，不會知道這些黑歷史，只會傻傻地全盤收下。

長期被疏忽且總是被責罵為沒用的小孩，心理上嚴重缺乏安全感，這在長大成人之後，會留下難以磨滅的後遺症——總擔心自己如果沒有用的話，就會被無情地丟掉。

就像她堅強過頭到終於心力交瘁，憂鬱症病發，根本無法工作，但她首先想到的，卻不是尋求幫助，而是擔心自己「沒有用」，會被男友拋棄。

母親從小對她的恐怖「洗腦」，絕對能將她逼至絕境。

夠強大的愛，才能解救她

這樣的悲劇，有解決的方法嗎？如果有的話，恐怕只有「愛」了。

愛要夠多、夠強大。讓人能夠相信，無論自己是怎麼樣的，對方永遠會無條件地愛著自己。唯有如此，一個內心破碎的人，才有自信去面對世界。

這原本是父母應該在幼童時所給予的，但當父母失格時，誰能作為這些可憐人的安全網呢？我也不曉得，或許得看女主角的男友回家，打開門後的反應，答案才會揭曉。

一輩子等待「父愛」的女人？

她流著淚，問坐在客廳裡的失智老父親：
「男人不是都像你這樣嗎？」

她是家中的么女，上有兩個哥哥。他們家觀念傳統，男女有別——父親對哥哥們要求高，因為「男人要守護家庭」，必須有能力又負責，但對她卻完全不同，不僅寵溺，也沒有要求，因為女兒將來嫁出去就沒事了。

因此，她認為遇到困難，只要會撒嬌，男人就會

負責解決。身為女性，只要可愛又懂得討好，凡事無往不利。

期待如同少女漫畫般的人生

人生對她而言，原本就像棉花糖，輕輕甜甜、沒有負擔。進入青春期之後，少女情懷總是詩，她憧憬著粉紅、繽紛的愛情，帶她步入結婚禮堂，從此與愛人過著幸福、快樂的日子。

既然如此，還需要念什麼書？成績根本是無謂的數字。上了高中，她期望著少女漫畫般的邂逅、羅曼史小說裡的命運。她單戀上帥氣的學長，每天想著接近他，成為他的女友。但學長太花心，仰慕者眾，她始終沒能脫穎而出，他就畢業了。

她整個人洩了氣，不論父母好說歹說，她都堅持休學，不念了！

顛簸的愛情與婚姻

她開始在加油站打工，賺零用錢，卻因站長獻殷勤，當了地下女友。

元配抓到他們時，因為她還未成年，怕鬧大了，自家老公先會有事，才沒被告上法庭。

她沒工作後，天天搭公車看風景來打發時間，因此認識了一些公車司機。這次，她記得要挑單身的司機交往，同時看上對方工作穩定，收入不差，能帶她上館子，又買禮物，是能照顧她的大人。

她沒多久就懷孕了，還沒成年就帶球走，讓她老爸氣瘋了。要她拿掉小孩別生，快回去念書。但她哪裡肯回學校，就是鬧著要嫁、要生。父母若不從，她就要自殺。最後父母只能妥協，讓他們結婚了。

婚後，她才驚覺，丈夫的薪水有一半要被扣去還卡債，剩下的，他還要拿去吃喝玩樂。她得向丈夫討奶粉錢，以致於成天吵架。他們成天吵架，而婆婆護子心切，千錯萬錯都是罵她。

懷著第二胎時，她竟抓到丈夫與同事的老婆偷情。在一場混打之後，別人夫妻和好了，卻反過來要告她傷害罪。重點是，她丈夫還出來當證人。兩人至此恩斷義絕，丈夫連小孩都不要，將她趕回娘家。她生下次子後，讓父母照顧孩子，自己出外工作。

沒多久，她又戀愛了。她愛上一個老實又體貼的男同事。她用心追求他，發願要給兒子換一個更棒的爸爸。

她拋下幼子，搬去與他同居。不計較名分，一心協助他創業。

但他對她愈來愈冷淡，也不給她薪水或零用錢，她總是忍耐著，直到聽人說他要結婚了，簡直是晴天霹靂，因為新娘不是她。

她哭鬧，但他無動於衷。隔天，他還把房子退租，讓她流離失所。

她在外追愛十年，兒子也不理她

她只能回娘家，但沒人歡迎她。

兒子對她尤其冷淡，因為她出去追愛十年，在他們最需要她的時候，她都不在身邊，讓他們受盡人情冷暖。她只得在外租一間雅房，當她想家而回去時，大嫂總對她擺臉色。

疼愛她的父親已經中風且失智，而母親畏畏縮縮，怕得罪媳婦，也不敢多招呼她。雖然大哥還願意支援她，但也不敢讓她回家，以免大嫂不高興、罷工，爸媽與孩子反而會沒人照顧。

她因為憂鬱、苦悶而來就診。我勸她好好工作、賺錢，將來接兒子出來同住，讓自己重新出發。

但她當年任性休學，以致於沒有高中學歷，四處謀職也不太順利。勞力密集的工作，她體力不支會昏倒；需要算錢的差事，她恍神到算錯、賠錢；連做大樓清潔時，也被住戶騷擾，做沒多久就離職。

她逐漸入不敷出，只能靠著低收入補助過生活。

一輩子等待如同爸爸一樣的對象

但她還是想談戀愛，她總覺得寂寞。她已年屆不惑，早已不復當年的青春無敵。她加強打扮與化妝，總算結識一個未婚，但有女友的貨運司機。

然而一得知她懷孕後，他拒絕與不孕女友分手，更不想負責娶她，還要她生下小孩，送給他們養。

她黯然墮胎後，上網發文罵他們，竟然召來了警察，說他們告她「毀謗」，他們還威脅要求償。經過一番折騰，這一場官司在對方也理虧下，以不起訴終結。

然而，她還是沒能回歸平淡。一陣子之後，她又與一個計程車司機打得火熱，連工作都拋到一邊去。只是沒多久，那男人就露出本性，對她謾罵施暴，嚇得她不敢回住處，只得逃回娘家。

兒子只想趕走她，還對她說：「死在外面，別回來。」便甩上房門。

她流著淚，問坐在客廳裡的失智老父親：「男人不是都像你這樣嗎？」而父親的眼神空洞，毫無反應。

精神科醫師專業分析

她能丟下小孩十年去追愛，而且不管怎樣勸，總是會與異性糾纏不清，這讓我深感困惑，為什麼她這麼需要男人？除了「性需求」，應該還有深層的需求。

我們在長期懇談之後，我發現問題似乎在於她的原生家庭。

寵溺孩子時，同時也是在否定孩子的能力

她的父母表面上很疼愛女孩，對女兒的要求低，又寵溺，給予諸多「特權」。但**事實上，她的父母是在否定女兒的能力。認為她不需要投資大腦，也不需要自我提升，只要嫁人，就能享有終身保障。**

然而，這根本是推她上牌桌，與命運對賭，而最關鍵的賭局就在「婚姻」，而且是「以小搏大」的豪賭。下個小賭注，就想得大獎。

睿智又有能力的男性，怎麼會想選擇一個腦袋空空，沒什麼想法與智識，只會乖乖聽話的女子，而且結婚之後，就要負責供養她一輩子？

真實的世界不是羅曼史小說

純情的少女，醒醒吧！沒有足以匹配的條件，是進不了強者的法眼的。羅曼史小說是幻想出來的麻醉劑，這世界上，怎麼會有滿街年輕、英俊又多金的總裁，走路撞上個傻妹子就戀愛了。

或許有些小女孩覺得只要有外貌，就可以嫁入豪門，麻雀變鳳凰，學歷或能力根本不重要。這種想法，可是大錯特錯。豪門選媳婦，既要娶她的名氣，還要她的智慧夠。在家要能服侍公婆，在外還能輔佐丈夫。

不只社交上要能八面玲瓏，對小三也能智取，絕對不會一哭二鬧三上吊，上新聞毀了家族名譽。空有臉蛋、身材，卻沒腦子的女人，對豪門來說，只能當偶爾偷吃的小菜，連做情婦都不夠格。

至於為什麼她的男人運這麼背，對象愈換愈糟呢？首先，**她屢戰屢敗，卻鮮少省思。她的思考與行為模式沒改變，那麼吸引到的男人類型，自然不會變。**

再者，以「行為經濟學」來解釋，因為人性厭惡「損失」，當擁有很多時，往往會行事保守，以避免損失。就像豪門為何要精挑媳婦，那是為了要保護家產，免得娶錯而被敗掉。反之，當人落魄到谷底，再多損失，也「痛到沒感覺」時，只要有翻身的機會，再微小的機率都肯賭。

所以，當她狀況惡化時，更好行險，條件再差的男人，她也都試著交往，冀望能遇到良人而逆轉命運。然而，這種賭男人運的策略就與玩樂透一樣，只會愈輸愈慘，終究萬劫不復。

她是個還沒長大，也不成熟的大人

但是，**為什麼她只是想要「愛」，卻總是得不到？那是因為她想要的是「父愛」**。她要被疼愛、被照顧，且需忍受她的不理性與胡鬧……

她就像個小孩，什麼都不會。體力不好，工作無法長久，腦袋不清楚，還成天要人哄，很怕孤單、寂寞。**如此，有哪一個男人想當她的「第二個爸爸」**？

伴侶關係要長久，還是要回歸到兩個成人的對等互動。

她如果不揚棄小女兒習氣，學習成熟、負責，努力過好自己的生活，而總是想依附男人，透過男人來過活，恐怕仍會總是愛錯人。

精神科醫師教你突圍

她剛到我的門診時，我就覺得局勢不太樂觀。畢竟她太理虧了。

當年她的父母也曾經阻止她休學、早婚，但她一意孤行，根本不聽勸。一個人嫁錯人要離婚，那也是無可奈何，但怎麼能連母職都拋掉，只顧自己追愛。

是因為比起孩子，她更愛的是自己？或是，比起孩子需要母愛，她這個母親更需要戀愛？母愛是必需品，戀愛可是奢侈品，孰先孰後？而她選擇戀愛，讓自己成為失格的母親。

可惜，做人再任性，終究得面對因果，時間到了，報應就顯現。尤其是虐待小孩，那絕對是「現世報」，不用等到下輩子，下半輩子就會被反撲。

她口口聲聲說自己好後悔，很需要兒子的愛。希望他們認她，跟她說話，接納她同住。但連我都想站在她兒子那一邊，這世上豈可有如此便宜事，不用耕耘，就能收穫。即使想以「道德綁架」對方，恐怕也因太缺德了，誰也綁不動。

對兒子們認錯，並彌補當年的傷痛

那麼，究竟要怎麼辦？**我建議她要先對兒子們認錯，還要彌補兒子們，撫平兒子們的傷痛，逐漸重建母子關係。**

缺席了十年，而且是孩子最重要的童年與青春期。時機一旦錯過，不見得挽救得回來。所以「誠意」是一定要有的，且要能讓孩子感受到，讓孩子感動，孩子才可能敞開心胸，再次信任她。

例如，她好好去工作、存錢，偶爾給兒子們些許零用錢，讓他們買想要的東西，或是幫兒子們付學費，買日用品、衣服等等。時間久了之後，當兒子們發現多一個媽媽在身邊其實更好時，彼此自然能夠融冰。

但是，她的工作有一搭沒一搭，自用都不夠，哪能支援前線？她如果回娘家，往往也是在討救兵，這樣哪能說服兒子們相信她，重新接納她當媽媽。難怪她無論怎麼抱怨自己孤單、寂寞，想向兒子們需索關愛，卻總是被已讀不回或來電拒接。

我真心勸她，身為人母，應該要先付出，或至少先償還當年虧欠兒子們的，怎麼能反過來希望兒子照顧她的情緒。

或許，她根本忘記自己是母親。在她的潛意識裡，她還在扮演被驕寵的么女，也將兒子當成男性，甚至是父親的替身來對待。

在這種認同錯亂下，親子關係恐怕難以回歸正軌。

女人要自己有實力，不能只靠運氣

她也曾經埋怨過，為什麼她的母親就可以嫁人之後，只要依賴丈夫就好。她的母親也沒念什麼書，她的父親還不是對母親很好。

其實，直白的說，這不過就是賭運罷了。不能說有人的彩券中了大獎，自己的沒中，就叫不公平。一個女孩即使幸運嫁到好人，但要是丈夫比自己早死呢？就像她的父親雖然還在世，但生病、失能了，母親還能依靠他嗎？

所以，女人千萬要自己有實力，不能只靠賭運，要不然遇到壞男人，就只能逆來順受了。

有時賭輸老公了，有些女性就轉為冀望兒子，希望將來能母以子貴，不過，這也只是另一場必輸的賭局。因為兒子如果成材，最後也是媳婦的老公。若兒子不成材，那就是永遠的煩惱，沒完沒了。

結論就是，**女人要靠自己。別只想當依賴者**，那樣才能真正掌握自己的命運。況且，男人真的就負擔得起雙人份的重擔嗎？我相信很多男性都感嘆著「男人真命苦」。被女人當成賺錢機器，隨時聽候差遣，還要當暖男，撫慰她的情緒。

初時的小鳥依人很可愛，但，久了卻變成纏死大樹的藤蔓，令人窒息。所以，拋棄這種無謂的男女既定角色，**女人要獨立堅強，同時也解除對男性的壓迫吧！**

帶毒的家庭教育

後來，她連房租都繳不起，下落不明了。我每每想到她的故事，就想到那像是帶毒的家庭教育，不但毀了一個女兒，連累了兩個外孫，父母也晚年不安。

老一輩的觀念有其時代背景，不見得適用於現代。如今不論男女，實力最重要，投資自己的腦袋最好，想要幸福，就別豪賭人生。

為人父母即使再寵愛女兒，也不要捨不得要求與期望，免得愛之適足以害之。不只養成菟絲花，還變成人見愁，那可就真的慘透了。

表面上是虎媽，但其實童年曾受虐

因為丈夫被公司外派，所以她很早就開始獨自帶著雙胞胎兒子，過著「一打二」的生活。

勤管嚴教的母親

然而，公婆與娘家又都因為種種緣故，無法提供任何協助。那時的她，只能想辦法維持好家庭運作，不讓丈夫在外還要擔心家裡。還好她從

小做慣了家事，在她的勤管嚴教下，兒子們不僅能料理個人的生活起居，還能分擔家務，讓她不至於崩潰。

後來買了現在住的房子，自備款吃掉所有的存款，她不得不考慮出外工作。但如此一來，早上還趕得及送他們上學嗎？放學後，如果來不及接，還得要安排安親班，或是去補習班，時間與費用加總起來，她根本無法多賺到什麼錢。

左思右想後，她只好送兒子去念寄宿學校。雖然他們剛開始時不太適應，但後來發現學校管得比自家老媽還寬鬆，也逐漸習慣，甚至回家時，還會抱怨室友不會整理內務，生活邋遢。她當時心裡想著，兒子們終於能理解她的用心了。

意外的全家再度「團圓」

兒子們之後都念了外地的大學，那幾年，鮮少回家，甚至連寒暑假也寧願窩在宿舍。她也習慣了，每天上班下班做家事，小孩偶爾回來時，就煮個飯一起吃。

其實，她最渴望的還是丈夫放假回國，就可以開車全家出遊。因為她想過，照這種狀況，兒子出學校後，很快就會搬出去獨立，這個家就真正進入空巢期了。

萬萬沒想到，兒子們畢業後的工作都在家附近，反倒都搬回家住了。而且就此住下，一點也沒有想要自立門戶的意思。

她自己一個人住習慣了，現在多了兩個大個頭，人多事雜，她開始嘮叨雜唸，出現焦慮症狀。但兒子們都已是成人，對她說的，不是置若罔聞，就是頂嘴反嗆，讓她備感挫敗，心情低落。

丈夫認為她是工作壓力過大，反正現在孩子都在工作了，便要她辭職休養。

她重拾年輕時的夢想——畫筆

幾年前，她終於盼到丈夫退休，全家團圓。她希望能與丈夫多出外走走，畢竟「偽單親」太久，總得好好彌補一下兩人時光。

可惜在國外孤身多年的丈夫，厭倦極了旅行。丈夫最想要窩在家裡，做做家事，怎樣都拉不出門。不過，丈夫還是感謝她多年來犧牲自己，以家為重，因此建議她去完成年輕時的夢想。於是，她重拾畫筆，開始上繪畫課程。沒想到深受老師的肯定，同學的讚美，活動接踵而來，寫生、參展，甚至還出國交流。

兒子們的冷言冷語

同時，她的丈夫變成了家庭主夫。丈夫對兒子們呵護備至，幫忙洗衣服、帶便當，讓原有的紀律化為烏有。

相較之下，兒子覺得老爸好，反而對她日益冷淡。例如大兒子直接把公司尾牙抽到的智慧型手機，硬塞給他老爸用，卻問都沒問過她需不需要。更甚者，某天小兒子突然對她說：「你整天不事生產，就只會花我們的錢。」讓她心寒到了極點。

原來，在兒子的心中，她丈夫才算有工作賺錢，她的付出都不算數。現在兒子每個月給幾千塊家用，就自認為在養家了。她為家庭犧牲這麼多，丈夫的薪水拿去付房貸，剩下的生活費、學費都靠她工作支應，兒子們竟以為全靠爸爸就行，連她現在重拾往昔的興趣，就被認為是拿他們的錢去享受的自私鬼。

陪同前來的丈夫勸她想開一點，但徒勞無功。兒子是她懷胎十月辛苦所生，親力親為帶大的，竟然被這樣看待，她豈能不心寒。

她只是要求他們做家事，而丈夫也只在退休後，幫他們多做了些家事，為何評價差這麼多？

通常孩子都比較親近媽媽。像她這樣的狀況，並不常見。

我頗好奇，她娘家的媽媽是什麼樣子。

被忽視的童年

「我媽只愛她自己，我爸就只會寵我媽。我從懂事起，就得幫忙做家事，即使個頭小到得墊著矮凳子洗菜、煮飯，爸媽就是要我去做。

「弟弟是男生，享有不做家事的特權。妹妹是么女，受盡父親的寵愛。只有我，爹不疼，娘不愛。其實，連我都懷疑過自己是不是養女，也偷看過戶口名簿了……我的確是他們親生的。

「**所以，我畢業後就趕快工作、嫁人。三十年了，從結婚時娘家沒人出席，到現在，我沒再踏進那個家門一步……**」她邊說著，眼眶已經泛紅。

原來，表面上是虎媽的她，其實是一隻不受關愛的受虐小貓。

精神科醫師專業分析

聽她談起父母，大概是因為老夫少妻，父親把母親當成女兒寵，把家事都攬去做了。等到她長大了些，父親就把家務都分給她這個長女做。母親照樣被伺候著，無聊時，就出去打打牌，活像是個女王。

她是工具人

但為何後面的弟弟和妹妹都不需要分工，唯有她，要當全家的「工具人」。難道是她年紀最長、個頭最高、最熟練？因為好用就繼續用，父母懶得再訓練新人嗎？

這樣明顯的不公平，她的家人卻都習以為常。就像職場或學校的霸凌，不僅要有加害者，同時還會有助長罪惡的「旁觀者」。「旁觀者」自私地想著，反正有人倒楣承擔就好，不要連累到自己就是了。

她的父母如果算是加害者，那麼弟妹就是冷血的旁觀者了。連至親都曾對自己這樣，以及現在親生的兩個兒子也這樣，難怪她會備感心寒。

這種冷，恐怕不是她那個生長在溫暖家庭的丈夫能夠體會的。

缺乏被愛，讓她不懂如何表達情感

但為何事情會重演？原因可能是缺乏被愛的經驗，過於辛苦的童年所留下的後遺症——讓人不太會表達情感，也不知如何溫柔待人。畢竟，向來習慣要自我保護，掩飾真實的情緒。**長期築起的城牆，連自己都很難越過，更何況是其他人**。

而**長期壓抑的憤怒與怨懟，在不經意時，轉成防衛的尖刺**。對別人說出冷言酸語，活像隻刺蝟，讓人覺得難以相處。所以，**「做家事」不見得是孩子積怨的點，更可能是她沒被父母溫柔對待過，只有斯巴達式的訓練**，等到自己變成了母親，沒有意識到此點，而照著以往的經驗去做，**才弄得母子關係緊張**。

虎子、虎女的暗夜哭聲

虎爸、虎媽通常是自身信奉完美主義，想透過嚴苛的要求，逼迫子女達到高成就的父母。這樣到底值不值得？這是見仁見智的問題。

但**以醫師的角度來看，為了所謂的「成功」，這樣所付出的代價未免太大**。有些虎子、虎女表現得很優秀，也很感激父母，但那恐怕只是因為他們的個性正好適合，無法因此證明高壓、挑剔的教養法有多正確。

或許有更多的孩子因此憂鬱、缺乏自信、終身與父母疏離，甚至企圖自殺，有誰聽到他們的暗夜哭聲呢？

每一個孩子都想被愛。如果父母在要求與處罰的背後，讓孩子感受不到愛與尊重，那麼，父母也只是在仗勢欺人罷了。

千萬別欺負孩子小，還不能反抗。他們會長大，我們會老，報應近在眼前。有時候聽人責罵說誰真不孝，但了解之後，往往發現那也只是剛好。

不過，她並不是故意為之的虎媽，只是在無意中重演了童年經驗，影響了母子間的親密感。加上後來兒子們長期在外住宿，為了求生得要適應，不得不切斷對母親的眷戀。

我個人不贊成讓孩子過早離家，因為表面上的獨立，往往只是偽裝，真正的代價將是難以消去的疏離感。例如，她的兒子即使回家住，卻還是把自家當宿舍，一種只顧自己的外人心態。

我能夠理解她當時的不得已，但世事就是這樣，有得必有失哪！

精神科醫師教你突圍

如果想改善這種疏離狀態，**我通常會建議當事人，先向子女道歉，說明自己原生**

家庭的狀況。解釋自己以前為何會那樣。**透過相互了解之後，修復親子關係。**

她說，先前已經試過了。兒子們即使接受她的道歉，但對她卻依然冷淡如昔。這樣的反應，委實令人傷感。

可能是兒子覺得以前的傷害太深，母子疏離太久，也可能是兒子已經成人，忙於自己的事情，並不在乎母親的感受，甚或是，覺得反正母親很強悍，會自己調適，根本不需要關心。

兒子們就是沒有多說什麼，依然把她當成空氣。

那麼，就是「無緣」了吧。如果真心在乎一個人，如果對方肯向自己懺悔、道歉，那麼，絕對會感動到相擁而泣，盡釋前嫌。

但如果沒反應，那麼恐怕是根本不在乎。雖然能做家人，但卻頻道不合。

雖然父母與子女已經是最近的直系親屬了，但「血緣」本身就是無法選擇。既然是沒得選擇，就有機會「不投緣」。這不見得哪一方有錯，通常就是無緣罷了。

建議她將重心放在自己的興趣上

不投緣的主要原因是每個人的「生活重心」不同。例如，她因為娘家的缺憾，所以，婚後的重心，她都放在家庭，注重著家人的反應。但兒子們在長期離家的狀況下，大兒子轉為重視朋友，休假就呼朋引伴去聚會。小兒子則是重視自己，活在自己的內心世界，只要有網路，他就能自得其樂。

父母不再是他們的重心，父親如果想多照顧兒子們，就需要被動接受兒子們目前的狀態。至於，原本關係就緊張的母親，兒子們可能就懶得去修復了。

與其去強求動機不高的兒子修復關係，我建議她，倒不如把精力放在自己的興趣上，讓人生不要有缺憾。

以「夫妻財產對分」作為養老保險

何況，**她對兒子疏離的擔憂，並非單純的情感因素，是因為對「養老」的不安。**將來如果丈夫先離開人世，她怕自己會被兒子趕出家門，變得孤苦無依。

她的兩個兒子都只看見父親的名下有房子與退休金，但卻都沒想到她多年來在育兒與家務的勞務價值，甚至先前工作多年的薪水，都拿去支付家用與兒子們的學費，所以現在的她才沒有存款。因此，小兒子也才會說出她不事生產，只會花錢的荒謬言論。但成年人一有了定見，恐怕很難撼動，再去解釋，也只可能徒勞無功。

其實，夫妻的資產是兩人打拚的成果，子女毫無貢獻。夫妻之間想要如何分配，根本無須與子女解釋，就可以進行。

所以，**解決她的擔憂，最直接的方式，就是以「夫妻財產對分」作為養老保險**。如此一來，不管丈夫或是她先離開人世，留下來的那個人，都不會陷入困境。

以往家庭資產多是父親一把抓。有時，還因為節稅，而先行轉移到子女的名下。認為繼承家產的人，就會負起養老、送終的責任。但因為忘了要為母親留一份，以至於常見老父驟逝，子女瓜分完遺產，老母就變成了人球。

所以，與其綁架子女來養老，不如先掌握住財務。在這個世道，有錢才有基本尊嚴，子女才敢來關心。

如果父母一窮二白，子女一接到通知，就是要自己去付各種帳單，本身經濟不夠寬裕的子女，大概都寧可被罵不孝吧？

關於夫妻分產這一點，她說丈夫絕對能夠理解，也會開始進行。那真是可喜可賀。畢竟，在所有的親屬裡，唯一能選擇的，恐怕只剩「配偶」了。

她丈夫專心工作又顧家，還很支持她去完成夢想。歸納起來，人生裡沒得選的，她並沒有錯；能選的，她還選得極好。雖然人生無法盡如己意，但她已經做得夠好、夠努力了。

手上有錢，遠比兒孫更可靠

最後，我說比起她，其實她的兒子還更讓人擔心。她頗不解，他們有什麼好擔心，有工作，有現成的房子可住，還有個老爸伺候他們。我說她可是早早結婚生子，現在與丈夫都已退休，有子、有房、有存款，這樣還在擔心晚年。

但他們的兒子卻是過了而立之年，還寄居在家裡。賺錢只夠自己用，連一個交往對象都沒有，將來能結婚、買房、養小孩嗎？與其擔心他們孝不孝順，能不能為自己養老、送終，更該擔心他們倆會不會變成孤單老人吧？

經濟停滯所導致的不婚、不生如果長期持續下去，家庭的功能將會逐漸崩解，這絕對是危及國家安全的等級。

很多年輕人只是還有父母頂著，以為不婚、不生，顧好自己就可以，卻忘記將來哪還有年輕人工作繳稅、做長照。**他們將來根本就自身難保，還要指望他們養老。**

我勸她不如靠自己留的老本，將來與老公拖著行李箱去住養生村。手上有錢，還比兒孫更可靠。

女兒重蹈自己的人生？

「我十八歲生她，她更厲害，十七歲就生了……」她嘴巴上說自家女兒厲害，但神情卻滿是落寞與擔憂。

「我女兒在家裡坐月子，我晚上都得幫忙帶孫女，我睡得好差啊……」她指著自己的黑眼圈抱怨著。

這時候說「恭喜」應該是常識，但我卻驚

呼：「你當阿嬤了?!」

因為她看起來相當年輕。難道是超級凍齡美魔女？我連忙確認病歷資料，她是與外貌相符的三十多歲啊。這年紀，未婚的還很多，她怎麼就已經當阿嬤了？

「沒辦法啊，我十八歲生她；她更厲害，十七歲就生了……」她嘴巴上說自家女兒厲害，但神情卻滿是落寞與擔憂。

原以為，只要有愛，就什麼都不是問題

她當年早戀，愛得死去活來，高中還沒畢業就「有了」。父母既羞又怒，要她拿掉小孩，念完高中再說。

但她脾氣很倔，堅持捍衛愛情與小孩，自己跑去辦了休學。父母沒辦法，只好轉而要求對方娶她負責。後來，她才發現婆婆不喜歡她，認為她是個不自愛的女生。娘家卻還有臉要求重金聘娶，婆婆因此懷恨，於是經常挑剔與挖苦她。

她的丈夫為了將來好找工作養家，決定先去服兵役。她只好獨自照料新生兒。婆婆的觀念傳統，不准她回娘家，全天候盯著她照顧小孩。怕她亂跑，所以也不讓她出門，簡直與坐牢一樣。她好不容易忍到丈夫退伍，吵著搬出去住，她以為就此

海闊天空。

本來以為有「愛」就沒有問題，哪裡想得到，「錢」才是最大的問題。

丈夫從早做到晚，僅能打平全家開支。本想等女兒大一點，她也能出外工作賺錢，但她卻懷了第二胎。

丈夫每天做到快累死，一進家門，卻只見到亂糟糟的環境、蓬首垢面的她，與吵鬧不休的小孩，丈夫的一股無名火就冒了上來。

而她熬到丈夫下班，就是希望他能幫忙，但丈夫回家只想休息，把家務與育兒全丟給她，而且還亂發脾氣。

丈夫外遇，黯然分手

兩人大吵之後，丈夫常甩門就走，留她抱著小寶寶痛哭，女兒躲在棉被裡發抖。到後來，他離家的時間愈來愈長，十天半個月都不回家。

直到某天，他帶著職場上的女友回來，與她談判分手。

那女人比他們年長一輪，看來幹練又保養得宜。

丈夫覺得與女友在一起，不用擔心錢，也沒有哭哭鬧鬧，更關鍵的重點是——女友懷孕了。

「我已經有年紀了，或許無法再生，我得保住這個小孩。小孩總要有個爸，拜託你，就成全吧！」

女人拿出十萬元，給她當分手費。她氣壞了，拿起錢就砸回去，吼道：「你毀了我的婚姻來成全你的小孩？拿幾個臭錢就想打發人？」

丈夫氣得掄拳想揍她，而她動作更快，一巴掌打向那女人，詛咒他們不得好死。最後寡不敵眾，她還是簽了離婚協議書，黯然離開。

她的父兄氣急敗壞，去他們公司大鬧，以討公道，拿了二十萬回來。但那一點錢，哪夠養大兩個孩子？她只好出外工作。

但她只有國中學歷，又無其他專長，只能應徵到工時長、薪資差的低階工作，根本無法顧及小孩。因此，即使知道孩子孤單，又常被哥哥的小孩欺負，她又能怎麼辦？

有其母必有其女？

某天，她兒子又被姪子推倒。父母與嫂嫂卻都護著姪子，她氣到帶著小孩搬出去住。但小孩並不領情，因為經濟困窘又孤單，成長過程相當辛苦，對她充滿了怨懟。

尤其女兒相當叛逆，拒絕念高中。提到要打工賺錢，但竟是與網友交往，常往對方家跑。她衝去找女兒，這才發現女兒的男友竟然只比自己小幾歲。年紀差這麼多，竟然在一起？但這還不算是最壞的消息，更讓她震驚的是——女兒已經懷孕。

她不敢置信，女兒竟重蹈她的人生。有其母必有其女嗎？女兒與她當年一樣不聽勸，堅持要嫁、要生。即使沒有婚禮，只辦登記，也可以。

女兒都這麼委屈，幫忙省錢了，親家母卻沒半點感激。一見面，就是抱怨她女兒，根本就是拐彎抹角在罵她的家教不好。

最近寶寶出生了，是個女孩。女兒吵著要回家坐月子，她能說不好嗎？即使自己被吵到失眠，就先吞一點安眠藥吧。

「你這個小孫女有沒有可能學你們早戀、早婚、早生？」我突然想到，「那你五十多就能當阿祖囉！」

「喔，千萬不要……」她連忙猛搖雙手，看起來不太想太快抱到曾孫啊。

古人十幾歲就結婚、生子，應該是情非得已的。在平均壽命約為三十歲的時代，不得不趕時間生育，以免小孩還沒養大，自己就撒手人寰了。但到了現代的台灣，平均壽命接近八十，大學變成了最低學歷，已經沒必要這樣「趕」了。

而且，太早升格當祖父母，除非是家財萬貫的富二、三代，通常背後都是不足為外人道的辛酸。

中斷學業，對未來求職很不利

在現今社會裡，若自家沒有產業，都得往外謀職，而「學歷」與「專業」通常是「收入」的主要決定因素。

十幾歲的青春期，正值學業的關鍵期，能否往上攻讀，或是修習專業技能，會大大地影響當事人未來的職業生涯。

一旦學業被迫中斷，能學習到的專業技能就會受限，將來只能選擇低階、低收入，甚或高危險的工作。雖然百般無奈，但卻沒有討價還價的本錢。

在收入有限之下，如果還有幼子嗷嗷待哺，不論情緒或是金錢，都是捉襟見肘。

貧賤夫妻百事哀，吵架，甚至打架，並不少見，而如果鬧到離婚，孩子就得在單親的環境下成長了。

少女情懷總是詩，然而當粉紅泡泡破滅時，單親媽媽往往得面對比學校還嚴苛百倍的現實。不只要養活自己，拖著幼子，經濟壓力龐大。

娘家當年多半是反對她「奉子成婚」，自然不會給單親媽媽好臉色，所以無論投靠或不投靠娘家，都是問題。而出外找工作時，她們也常常會驚覺「學歷用時方恨低」，只能屈就低階工作。

有智慧、貼心的孩子，或許會體諒母親賺錢不易，會加倍孝順與上進。然而，因母親太過忙碌，身心壓力大而脾氣差，多半導致親子關係緊張。

孩子如果放棄與母親溝通，且因情感與物質的長期匱乏，自然會想往外找尋感情依附。尤其是小女孩，**戀愛是迷幻藥，少女漫畫或是羅曼史小說，更助長了幻想，讓她們想經由「戀愛」，跳離原生家庭這個火坑。**

從一個火坑，跳進另一個更深的火坑

然而，根據研究，人類的腦部要到二十多歲，才能發育成熟。負責高階理性思考的「前額葉」最為重要，但卻最晚成熟。所以，青春期的少男少女在理性思考上，根本還沒「轉大人」，但在生殖器官已經發展成熟之際，當一陣天雷勾動地火，如果缺乏理性煞車，往往就先鬧出了「人命」。

「早戀」雖然清純、美好，但「早生貴子」卻是災難。期盼經由戀愛而離家的少女，一旦懷孕、生產之後，幾乎都會發現自己「從一個火坑，跳進另一個更深的火坑」。原本討厭與埋怨母親的自己，竟然在無意間走上母親當年的路，而曾經愛得死去活來的男人，要不是與自己一樣年輕，還貪玩，就是交往太短，認識不清，婚後才發現彼此個性不合。

兩人通常沒熬過照顧寶寶的天險，很快就勞燕分飛了。於是，彷彿是詛咒般的「世代複製」，又往下延伸了一代。

精神科醫師教你突圍

讀到這裡，你是否覺得好無奈，這似乎是一道無解的難題？

其實不會，**這根本上是有解決方式的，而且並不難。只要少一點「道德魔人」，**

以及父母得先克服「鴕鳥心態」。

從性教育、避免過早懷孕著手

試想，早戀頂多分手。即使早婚，最嚴重就只是離婚。兩個人分開只是多了些人生經驗，但還是兩個完整的個人。所以，從頭到尾，只有「過早懷孕」是大問題，會讓小孩因父母還不成熟、單親或隔代教養，從起點就處於弱勢。所以，只要沒懷孕，問題就簡單多了。

何況，現在是二十一世紀。避孕用品多，防護力又高。明明懷孕是能預防的，怎麼還在「奉子成婚」，急就章地養小孩？

況且，結婚只是讓彼此有一個名分，讓小孩變成婚生子，但不能實質解決問題。草率的婚姻將兩個不成熟的人硬湊在一起，往往製造出更多的問題。如果選擇墮胎，可能傷害身體，又留下心理陰影，女方往後或許還會不孕。

所以，最佳的對策就是「避孕」。**讓年輕人的心理還未成熟前，保有「人生選擇權」，不需要因懷孕而影響人生規劃。**

等到學業、事業各方面都底定後，才來慎選人生伴侶，生兒育女。

「性教育」是避免過早懷孕的關鍵環節。擁有了知識，就能操控事物。可惜，在台灣談「性」還是得遮遮掩掩，「道德魔人」也憂心忡忡，宣稱在國民教育中教授性知識，會導致性開放、濫交，甚至同性戀。

依他們的論點，那麼最好禁止交通安全課程，因為熟悉車輛與交通規則，將導致民眾藝高人膽大，就會開快車、出車禍，導致生命財產的損失。這樣的推論很荒謬，對吧？那麼，如果把「交通安全」換成「性教育」，就能理解性教育就像所有的安全常識一樣必要。

父母應早日教導孩子性知識，別有鴕鳥心態

父母的「鴕鳥心態」也常是問題。他們總覺得講解「性知識」很尷尬，所以乾脆無視。反正，「我的小孩很乖」，沒人教、沒人帶，就會保持無知狀態，無知就不會好奇，結婚之後，自然就會。

可惜，生殖器官遠比大腦早成熟。希望年輕人擁有性器官，卻不想使用看看，根本是不切實際的幻想。如果以為沒有性教育，就不會偷嚐禁果而懷孕，那麼，遠古時代沒有性教育，人類怎麼會繁衍至今。

所以，面對本能之類的事情，道德呼籲、規範禁止，甚或是愚民政策，絕對都是徒勞無功，不如直接面對。

只要不懷孕、不得病，其實「做」或「不做」對身體並沒有太大的差別。那麼，為何不好好教導，讓年輕人可以按照自己的意願選擇？不想做的人，不會因為知道就去做，而想做的人，就能正確進行，仔細地避孕與避免危險性行為，而出現預期外的狀況，例如懷孕或生病，也知道該怎樣求助與處理。

擁有正確的性知識與進行妥善的避孕，情場即使鬧得再轟轟烈烈，都不會因為小孩，而被迫人生轉向。

過早生育，也常讓當事人與下一代都處於高壓狀態

可能有人認為，現代人晚婚、不生，少子化已經嚴重到影響國家安全了。有人肯生養小孩，就算早一點生，也不為過。何況以前的人收入少，物資缺乏，照樣能生養一群，現在的年輕人生個小孩，又何必顧慮這麼多？

這種論調並沒有考慮到，時代背景早已不同。現代不比二戰後的百廢待舉，那時極需重建，又缺乏人才，只要肯做的，都有位置可占，也都有空隙可以往上爬。

相對地，現代社會發展成熟，各行業、各階層都被卡位了。年輕人如果能耐不足，失業或低薪幾乎是宿命，窮人更是難以翻身。

在這種狀況下，沒充分準備好，就隨便生、隨便養，這是荼毒自己的下一代。讓他們因為欠缺資源，注定在中、下階層流轉。

過早生育，也常讓當事人與下一代都處於高壓狀態，而孩子最常學習的對象就是父母。**即使不喜歡自己的父母，人們遇到壓力時，還是常在無意間重演當年父母的反應。**所以，還是等到夠成熟再來當父母，這對親子都好，以免負面言行代代傳承下去。

正確的「性教育」就是能斬斷此種惡性循環，讓每個小孩都在父母的充分準備下出生，享受應得的快樂童年，擁有健全的人格。

最後，我問她：「如果回到當時，你會想要懷孕嗎？」

「笨蛋才會。懷孕是不得已的，我才不想。而且，要不是懷孕了，我也不想那麼早結婚啊！別人不是念書，就是在工作賺錢，我卻只能關在家裡。」

年輕阿嬤接著對我說：「雖然孫女很可愛啦，但我覺得我女兒根本還沒想清楚，就跟我當年一樣……唉，沒有多想，就是這樣。突然間，我就變成阿嬤了。」

直接開口溝通，別讓另一半「猜心」

「你有對丈夫說過，你想要小孩嗎？」我問。

「我跟他那麼久了，不用講都知道。但他只想要『兩人』廝守，沒想過小孩子。」

他們住在一起很多年了，本來並沒有打算結婚，但因為雙方家長施壓，加上他對她向來很好，因此這兩年也就辦了婚禮，結為夫妻。

隨著年紀逐漸增長，她感覺自己的母性日益洶湧，幾乎能聽到自己的內心在吶喊著：「好想要有自己的小孩啊。」

但是，對於她的深切期盼，朝夕相處的丈夫卻毫無知覺。

她知道，他結婚的目的只為了綁住她。他享受於兩人的世界，不想被打破。

她害怕自己繼續待在家裡，遲早會被空虛感吞噬掉，於是重回職場。

她改以事業為生活重心

丈夫並不反對，反正他也在事業的衝刺期，無暇照顧她。

彷彿是上帝特地為她開的另一扇窗，她就職之路相當順利，不僅與同事相處愉快，而且還受到店長的器重。

她暗自說服自己：「既然當不了媽媽，那麼，就以事業為生活重心吧。」於是，下班後，她與同事會約聚餐，討論工作上的大小事情。

其實，她的職業特殊，進修往往得排在打烊之後，再跑到其他的店，觀摩、示範教學。有時候路途比較遠，她回到家，已經大半夜了。

以前，她都是在家裡等他回家，但現在經常是他進門，但卻空蕩無人。甚至，換成他等門到夜深，才見她疲憊地回來。

這讓他相當的不習慣，但她去工作是他允許的，他又不好發作。只好拿著人身安全的疑慮，要求她早點回家。

她看似忙碌，內心卻不快樂

回家？她又何嘗不想，但她更怕獨處的寂寞，孤單地面對卵子老去。

她的個性向來柔順，討厭激烈的衝突，所以儘管口頭上對丈夫說「好」，但此後，她總有推不掉的飯局，一連串不得不去上的課程，甚至連進修地點的距離，都愈拉愈遠。

如果，生孩子不是自己能控制的，那麼與工作相關的，總能隨她安排吧！沒有人知道她看似忙碌，意氣風發，但內心卻愈來愈不快樂。

丈夫感覺到她的變本加厲，只好發動親友戰術，希望藉由眾人的遊說，改變她的工作模式。甚至，放話要她辭了工作，回家讓他養都好。

「剛跟他同居時，我為了愛而放棄工作，他還擔心我會與社會脫節。現在，我做得有聲有色，是店裡重要的靈魂人物了，他才要我別工作，讓他養?!真是太可笑了！」

然而，說這話的她，眼中卻毫無笑意，甚至漾著淚光。

她是因為「工作晚歸，難以入睡，影響到正常作息」而來求診，但我們談到後來，我才發現，晚睡竟然是她自己刻意造成的。

她認為丈夫「應該」知道她的心事

「你有對丈夫說過，你想要小孩嗎？」我問。

「我跟他那麼久了，不用講都知道。但他只想要『兩人』廝守，沒想過小孩子。」

她閉上了眼睛，似乎在宣告著心死。

「既然是這樣，你根本不需要來看診啊！」我說。何況，這不是醫療能處理的問題。

「但他們說我這樣，一定是有病。好吧，話都是他們說的。那我就來看病，堵他們的嘴。」

說她有病，我並不苟同，但說她沒病？她的心，可是病重了。

身體生病，治療原則相對很清楚，然而，心病的藥方在哪裡？

對她而言，目前的解方是為人母，擁有自己的寶寶？還是，其實並不只這個呢？

精神科醫師專業分析

記得我以前看過的漫畫，《非婚家庭》裡有一個女性角色，婚後因為被醫師診斷為不孕，因此難過到轉以工作為生活重心，卻沒想到因此與丈夫產生隔閡，兩人黯然分手。

多年後，她意外懷孕。她的前夫才被告知當年離婚的緣由為何，前夫大嘆她為何不與自己商量。當時如果他知情，絕對不會讓她一個人受苦。

當年的我，實在想不通。為什麼只因為小孩，就能讓兩個原本相愛的人鬧到離婚。直到我結婚、生子，這一路走來，自己也才深刻體會**維持婚姻並非易事**。幸福、圓滿雖然是兩人共同的盼望，但每一段破碎的姻緣都有其無奈。

為什麼她不肯講出自己心裡期盼的事？

當我在診間，聽到她的心事時，我腦中立刻浮現那一位渴望成為人母的漫畫人物。為什麼她寧可讓丈夫誤解，也不肯講出自己心裡期盼的事？是過往的經驗讓她覺得，被人知曉真心是危險的嗎？或因為曾經被嘲笑過，或被拿來當話柄，甚至被要脅？

或者，曾經被逼著與對方產生衝突嗎？而**對她來說，「衝突」就意味著「危險」**？如果看過的爭端，向來無法以理性化解，往往釀成傷害或互相毀滅，那麼，她可能會學習到要盡力避免衝突，而最佳的生存法則就是「陽奉陰違」——於是，她遇到衝突就退讓與表面順從，再以行動唱反調。這樣，就能避免危險，又不會違背自己的意願。

再者，為什麼她斷定對方與自己的想法不同，所以就先放棄了自己的渴望呢？為什麼不溝通看看，甚至提出條件來談判呢？難道曾被人灌輸過，做人最好察言觀色，猜想對方心意的觀念嗎？直接問別人的想法，太過無禮、粗魯嗎？

而為什麼一旦想法不同，她就得先行放棄？**是因為她身為女性，也就是弱勢者，選擇配合，比較安全嗎**？或者，向來的經驗，都是不管她怎麼努力，都不如己所願，那倒不如直接放棄、隨波逐流算了？

婚姻問題的源頭

表面上是「無法當媽媽，我不要回家」，但她的內心小劇場、**成長過程所形塑出**

的思考模式，可能才是婚姻問題的源頭。

在處理婚姻或家庭問題多年之後，我個人得出的經驗是——「想要撫養下一代，又不想重蹈覆轍的話，至少得往上回溯一代」。

她的問題看似是「現在」，但或許是代代相傳的認知與學習，而她目前面臨的生育關卡，其實正是面對與化解問題的契機。

為母則強，想當媽媽，就該先搞定自己與孩子的爸。沒幫寶寶準備好父母，怎能說自己愛小孩，想生小孩。為了孩子的未來，女人不能平白地宣布放棄。

我建議她，還是要對丈夫說出來

例如，她篤定「不用講就知道」，這代表她其實沒有明講過，就已認定他不要小孩。或許，婚前他就常講不生，但即使如此，我建議她，還是要說出來。

因為人的想法是會改變的，尤其是「年齡」，常會影響個人生養下一代的意願。

或許她與丈夫談過之後會驚覺，丈夫的想法竟然已經改變。或者，也有可能丈夫只是覺得懷孕、生產很辛苦，為了老婆好，他可以不要小孩。更或許，丈夫還以為她不想生，所以他絕口不提。

所有的可能，都是有可能的。**「不問」才是「誤解」的開始**。

女人常覺得自己表現得夠明顯了，對方不可能不知道。要是對方毫無反應，就表示不想，只是不好明講。

此種想法太自以為是，而且常常帶給當事人無謂的折磨。請記得，正常的人類不會「心電感應」。

沒有人能真的知道別人的想法，而所謂的「讀心專家」誤判率也高達一半，準確度與擲筊沒有兩樣。

尤其，**「性別」的鴻溝超乎想像——男人多半看不懂女人的「暗示」**。女人往往以為夠明顯了，男人卻只覺得霧煞煞。

精神科醫師教你突圍

所以，**比起安眠藥，她更需要的建議是「直接問」**。

既然人類都發展出了語言，為何不開口問？硬是要「猜心」，也不管可能猜錯，就自覺受傷，這實在太讓人無言了。

就像有人什麼都不問，就直接認定我們會怎麼想，然後就埋怨我們傷害他，這無論是誰，都會覺得太冤枉。

其實，直接詢問對方的意願，並沒什麼損失。**即使答案是「拒絕」，也還是賺到——賺到了「時間」，以及能讓自己掌握做決定的時機**。

以上述案例裡的她為例，她如果想生小孩，女性的生育能力受到年齡的限制，拖得愈晚，愈難懷孕，生產的風險也變高。而男性恐怕不用太擔心此問題，他們即使拖到五、六十歲突然想要小孩，外遇找個年輕女性，也還能生得出來。

生育時機對女性來說，是相對嚴苛的。如果能早點知道配偶生育的意願，兩人就能早點討論出共識，對於歧見，也較能夠化解，共同克服難關。

為什麼丈夫不想要孩子？

萬一配偶堅持不要小孩，無論如何都不為所動呢？男人不要小孩的原因，有的是還沒玩夠，自己還像小孩。有的是成長過程不快樂，發誓不想再製造同樣的悲劇。有的只喜歡談戀愛，覺得當爸爸太累。有的只是缺錢養，其實是想當爸爸。有的則是事業心重，沒空當爸爸……原因各個不同。

雖然結婚時兩人相愛，但能當伴侶的男人，不見得能當、想當孩子的爸。那麼妻子恐怕就得趁此機會，徹底檢視這段婚姻對自己的意義。

如果愛對方可以愛到犧牲一切，即使哪天他比自己早走，只留她一人孤單在世，她都甘願，那麼，就尊重他的意願吧！

但如果她不會甘願，不想放棄擁有自己的孩子，那麼就該趁早了斷，另覓良緣。

如果連老婆求去，他都還是不想改變，無法妥協？我會建議她，這種男人真的得放生了。他最愛的人，恐怕只有他自己。

生小孩之前，你先清點好自己的資本

可能有女性覺得懷孕、生產都是女人的事，為什麼要與對方商量？那是**因為小孩不是光靠媽媽的努力就能養好，往往需要一整個家族的合作，甚至是周遭鄰里的幫助。**

除非你的資源豐厚，否則獨自養小孩太過辛苦，而取得他人，尤其是配偶的襄助，是很必要的。

如果配偶不同心，而陷入單親狀態，在單打獨鬥下，常會陷於兩難——「要錢就無法陪，要陪就沒錢過活」。

小孩需要陪伴與關心，但沒米下鍋，房租付不出來，遇到問題時，沒人能商量，又沒人能接手，讓自己喘息，這些都會讓人身心俱疲。

在生小孩前，找到愈多人手幫忙，媽媽就能當得愈輕鬆，愈不會被搞到崩潰。

所以，**計畫生小孩之前，建議你先清點好自己的資本：健康狀態良好嗎？收入穩定，存款夠嗎？伴侶會協助嗎？家人能幫忙嗎？**

在現今的台灣社會，養小孩是很傷本的事情，千萬別聽信長輩所說的「生下來，隨便養就長大」的話，時代早已不同了。

小孩不是寵物，給碗飯吃，看著可愛就好。他們可是未來的成人，會長成能獨立思考的個體，需要用心教養。

如果想當父母，千萬別想單打獨鬥。因為長久下來，必然耗竭。

而當初是因為愛而生的孩子，卻因為考慮不周而變成親子折磨，那可就違背初衷了。

憂鬱症可能襲擊每一個女性

她是護理師，但她也是一個病患，是外表看不出來的那一種。

曾想自我了結

幾年前，她因為一個小疏失，而被護理長數落了幾句。沒想到，這件事竟然就在她的腦中盤旋著，讓她睡不著、吃不下、內疚羞愧、工作頻繁出錯。

她覺得自己已經沒有資格再做護理工作了。

她打算辭職後，找個僻靜的地方，自我了結。

還好當時同事發現她不對勁，硬把她拉去找熟識的精神科醫師，確診她得了「憂鬱症」。

經過一段時間的治療後，連她都不敢相信，自己竟然恢復了。因為即使以前在學校讀過「憂鬱症」的相關課程，但**如果不是她自己親身經歷，她還是會認定自己的個性開朗，思考正向，絕對與憂鬱症無緣**。

在那一次的憂鬱症發作之後。她發誓要努力振作，絕對不再被憂鬱症偷襲。

憂鬱症復發，覺得屈辱

首先，她不想再依賴藥物了。因此憑著意志力，她把藥物「戒掉」了。她心想，只要肯努力，凡事都能成功，感覺自己幾乎都能擔任「抗憂代言人」，傳授痊癒心法了。

然而，半年之後，她又感到無力、興趣缺缺、什麼都提不起勁，睡到半夜就醒來，精神不濟到想逃避上班工作。

同事們看她又失神了。說話有氣無力，反應慢得像蝸牛，懷疑她是憂鬱症復發。

「怎麼可能？護理長又沒有『噹』我，我只是『職業倦怠』啦……」

護理長只好幫她排年休，讓她出國散心，看是否能夠好轉。但她即使沐浴在南國燦爛的陽光下，還是欲振乏力。白天沒參加海上活動，晚上也沒去酒吧。她只是躺在飯店房間裡發呆，還差點就趕不上回國的班機。

「怎麼度完假，更糟糕？」護理長鐵了心，直接幫她掛號，堅持要她去精神科看診。

再度領到藥袋的那一刻，她在藥局櫃檯前痛哭失聲，嚇得藥師走出來關切。每一次吞藥，她都覺得屈辱，感覺自己好無能，又失敗了。然而，藥物還是把她治好了。她只好無奈地繼續服藥，直到醫師說可以停藥。

鑄下大錯

無藥一身輕，她感覺自己的狀態超級好。她開始用心打扮、刷卡購物、熱心幫忙別人，滔滔不絕講著理想與抱負，批評護理長的作為不夠聰明，應該升她當阿長，以她的能力，隨便都能做得好，甚至可以取代護理主任……總之，她的能力這麼好，錢隨便賺都有，沒在怕的。

她整個人脫胎換骨似的，變得精力無窮，還開戶，做起了股票。下班後，研究投資到可以不睡覺。

到後來，她竟然因為自覺比較正確，沒與醫師討論，就更改藥物發給病人。醫師發現後，氣得找她理論，揚言病患要是出事，就絕對會告她。

這件事驚動了院方。護理長主任找她與她的父母來了解狀況，才知道她已花光積蓄，還借了信用貸款，這完全反常。

但當眾人勸她接受治療時，她突然情緒暴走，對長官與父母謾罵，激動到要動手打人。這舉止嚇壞了她的父母，立刻同意讓她住院治療。

她還能變回正常人嗎？

這一次的判定，是她「躁症」發作。兩週後，她的情緒終於穩定了下來。

然而，當她回到現實後，逐漸意會到先前自己惹了多少事情，自責與懊悔壓得她情緒低落，轉為憂鬱。她又多花了一個月才回復。

回想起來，她不管是憂鬱症，還是躁症發作，每次都像在夢境裡，好長、好久的夢，人雖在其中，但都不受她的控制。她活像被綁在雲霄飛車上，只能被動地忽上忽下，做著看不到盡頭的噩夢。

失控的感覺好可怕，她痛恨自己難以掌握的心。控制情緒是做人的基本能力，她竟然連這一點都做不到，實在很失敗。

她在忐忑不安中返回職場，反倒是同事對她小心翼翼，深怕刺激到她，她又發病了。然而，這種刻意的對待，讓人超級難受，她好想叫同事別給她特殊待遇。

此外，雖然被她改藥的病人順利出院了，但醫師已不敢信任她，還特別要求阿長別排她照顧他的病人，讓她頗為傷心。

而亂買的股票賣掉之後，金額不夠償還信貸。這一次發病，讓她的財產由正轉負，損失慘重。

阿長看她在分神想別的事情，走過來，低聲問她說：「你睡得還好嗎？有按時吃藥嗎？」

她停下手中正在謄寫的表單，想起櫃子裡的藥物。難道她的餘生都要靠那些藥片來控制她的大腦嗎？她還能變回正常人嗎？

精神科醫師專業分析

我們常聽到別人說誰是躁鬱症，甚或懷疑自己是躁鬱症，而前來看診，不過我更大的疑問是，躁鬱症只占人口的千分之三到五，非屬常見，為什麼一般人總先考慮到它呢？

焦慮症不等於躁鬱症

想了半天，原因恐怕就像「精神分裂」一樣，**「躁鬱症」也被誤解與名詞濫用了**。很多人直接把「煩躁」與「鬱悶」的混合情緒當成躁鬱症，其實，那算是「焦慮症」，而非躁鬱症。

唸起來都差不多，應該就沒差吧？如果這樣想，那可就大錯特錯，因為差別可大了。**焦慮症要用鎮定解焦慮劑，躁症得用情緒穩定劑，憂鬱症則是選用抗憂鬱劑**。診斷不同，用藥也天差地別。

可別以為反正都是精神科的藥，隨便拿別人的藥來吃。吃錯藥的機率相當高，後果不堪設想。

躁鬱症分為「躁症」與「鬱症」

「躁鬱症」簡單來說，就是情緒中樞失衡，表現過高叫做「躁症」，過低則是「鬱症」。就像體溫一樣，過高發燒，過低失溫，人體都無法維持正常機能。情緒如果長期走極端，也會影響生活、家庭、工作、學業等各方面。

躁症時期，患者的情緒會莫名高亢，感覺自己活力無窮，像是滿格到爆表的電池。不太需要睡覺、文思泉湧、滔滔不絕、自信高漲，每天忙東忙西，但卻判斷失準，做事虎頭蛇尾，嚴重影響到應有的表現。

到後來情緒爆炸時，發生衝突或出現暴力都不罕見。例如，她越過護理去干涉醫師的治療處方，甚至跟長輩都要打起來，就是因為躁症所致。

憂鬱時期就是另一個極端了。情緒跌到谷底，凡事興趣缺缺、睡不著、吃不下、腦袋當機、身體無力，像是快沒電的電池。腦中只剩負面思考，沒有希望，覺得活著沒有意義，只是拖累別人。要是萌生自殺的念頭，還會有生命的危險。

躁鬱症經常前幾次的發作是憂鬱，後來才轉為躁症。以致在躁症發作之前，連醫師也不能確定是憂鬱症，還是潛在的躁鬱症。

這牽涉到抗憂鬱劑可能引發躁症，所以即使之前的病史都是憂鬱，醫師還是會提醒病人注意自己的情緒變化，如果突然從憂鬱轉躁，就得立即就醫，更改藥物。

女性罹患憂鬱症比例高達四分之一

前面提到躁鬱症並不常見，而憂鬱症卻是高到女性的罹患率為四分之一，男性也有八分之一。所以若你患了憂鬱症，請別訝異「為什麼是我？」，畢竟憂鬱症的機率高到人人有機會。

但為什麼情緒會無法維持穩定？那是因為「情緒」是大腦的產物，大腦本身是個網路複雜的生物電腦，出狀況在所難免，自然情緒也會受到影響。

神經網路內部溝通媒介是「電流」與「神經傳導物質」，治療藥物目的在調控這兩個機制，使得情緒回穩。不過，藥物僅能改變過高或過低的狀態，無法操控人的思想。所以，**別誤以為吃藥就會被藥物控制。藥物沒那麼強大，頂多只能輔助，不可能反客為主，控制別人的思想自由。**

精神科醫師教你突圍

人都是肉身之軀，不會因為職業、階級等任何因素，而能免除疾病的侵襲。

例如，病人常問我：「你是醫生，怎麼也會生病？」但上天可沒有給醫療人員疾病豁免權，只要是人會得的病，我們也都有可能遇到。

坦然接受自己生病的事實

所以，上述案例中的她，根本不需引以為恥，就坦然接受身為凡人的現實吧。**面對疾病，處理它，和平共存就是了。**

身為醫療人員的專業，是表現在「不讓個人問題影響工作」。生病是無可厚非的，但盡早發現、治療，必要時請假，才是對自己與病患都好的做法。

別執著在「吃藥」上，能過正常生活最重要

比起發作時造成的災難，她雖然說寧可吃藥，但總覺得自己從此不再是個「正常人」。

我問她，關於「正常」的定義是什麼。

她說：「正常人至少不需要吃藥吧？」

我反問她，身體健康的殺人魔，算正常人嗎？她所執著的「吃藥」，並無法用來判斷人的正常與否。

其實能過著普通日子的人，就是正常人。每天吞幾顆藥就能維持工作、生活的她，已經是正常人了。所以，別再介意那幾顆藥丸了。

放眼茫茫人海，有人天天在吃血糖、血壓、血脂三高的藥物，有人因過敏性鼻炎，需吞藥加整疊衛生紙，有人看似好好的，但心臟裡裝了支架，有人不吃軟便劑就上不出大號，更多人嘴裡裝了假牙，鼻子上戴著眼鏡，誰不是在與身體妥協著過活呢？

即使依靠了外援，大家還是正常人。重點是能過著尋常的生活，靠什麼方式並不重要。有人擔心長期服藥會傷身，這其實是多慮了。**如果藥物對身體的負擔是一分的話，那麼，發病對生活的破壞就有十分。你要選哪一個？**

有理智判斷的人都知道，應該要選藥物。但我也曾經遇過病人耍賴：「我都不要。」我心想，又不是小孩子在地上打滾。上天在疾病這方面，可從不給人商量餘地的。拖著不處理，只會惡化狀況。

遇到問題，找到專家請教後，直接「兩害相權取其輕」，才是最聰明、最有利的做法。

預防復發與盡早治療，是不二法門

何況，憂鬱症、躁鬱症都屬於陣發性的，通常發作一陣子之後就會緩解。經過醫師評估，有時候緩解期不只能減藥，甚至還能停藥，並非一旦吃藥，就得一直吃下去。

雖然憂鬱症、躁鬱症算是重大傷病，但可不是得終身服藥的慢性病。

這種病有可能會好嗎？當然會。不管發作的長短，最終都會好。而且，好的時候，可以好到與原本一樣，船過水無痕。只是**要切記，有這種體質，就有「復發」的可能**。

就像台灣在地震帶，但有天天地震嗎？當然沒有。但是，好久沒地震，就表示往後不會再震？當然不。所以，住在地震帶的我們，只能把房子蓋好，做好避難演練，但不能期望地震永不發生。

有病史的人也一樣，預防復發與盡早治療，絕對是不二法門。

何況，**這一類的疾病如果控制愈差，會愈常發作，往後就愈容易發作，且愈發作愈嚴重**，像滾雪球般愈滾愈大。

有些病人不了解這種疾病的特性，放任著，隨它發作，心想遇到再來收拾，這是很危險的。

雖然不太會有後遺症，但太長、太久的發作，還是有可能造成腦部退化。何況在此之前，絕對會把人生搞得一塌糊塗，鬧到失業、離婚、輟學、信用破產，不見得能收拾得起來哪！

做好「壓力管理」

除了藥物之外，日常生活還要注意「壓力管理」。所以**有病史的人，最好減少「不必要」的壓力**，別拿石頭砸自己的要害。若有旁人認為病患應該要多操、多挑戰，這樣才能增加抗壓力，請直接嗤之以鼻。

那一種觀念可以用在鍛鍊肌肉，但對情緒疾患反而是惡搞。因為人的腦力是有極限的。思考與注意力是很珍貴的資源，無謂的壓力所消耗掉的心力，會讓人在重要的事務上反而做不好。

自己的感受比別人眼中的形象重要

她問我，那她就不能想進修，或是升護理長了嗎？

我反問：「那些會讓你更幸福、更快樂嗎？」

她想了想，認為並不會，但會讓她看起來比較成功。

是啊，這就是癥結了。但那是別人的評價，並非實質、受用的感受，亦即是無謂的壓力。

有時候生病是上天的禮物，逼人跳脫他人的眼光，得先直視自己的內心來做取捨。是自己真心的感受重要？還是自己在別人眼中的形象重要？人生苦短，愈早務實愈好。

最後要提醒的是，正值生育年齡的女性在用藥期間，請注意避孕。很多藥物不保證對胎兒絕對安全。如果想要懷孕，請先與醫師討論如何調整用藥。別等到驗出來兩條線，才慌慌張張來找醫師，那時候，恐怕變成醫師臉上三條線。

國家圖書館預行編目資料

好女人受的傷最重：精神科醫師教妳立下界線，智慧突圍／賴奕菁著. --初版. --臺北市：寶瓶文化, 2018. 08
面； 公分. -- (vision；163)
ISBN 978-986-406-130-3
1. 生活指導 2. 婦女
177.2 107013148

Vision 163

好女人受的傷最重——精神科醫師教妳立下界線，智慧突圍

作者／賴奕菁 醫師

發行人／張寶琴
社長兼總編輯／朱亞君
副總編輯／張純玲
資深編輯／丁慧瑋　編輯／林婕伃
美術主編／林慧雯
校對／張純玲・陳佩伶・劉素芬・賴奕菁
業務經理／黃秀美
營銷部主任／林歆婕　業務專員／林裕翔　企劃專員／李祉萱
財務主任／歐素琪
出版者／寶瓶文化事業股份有限公司
地址／台北市110信義區基隆路一段180號8樓
電話／(02) 27494988　傳真／(02) 27495072
郵政劃撥／19446403　寶瓶文化事業股份有限公司
印刷廠／世和印製企業有限公司
總經銷／大和書報圖書股份有限公司　電話／(02) 89902588
地址／新北市五股工業區五工五路2號　傳真／(02) 22997900
E-mail／aquarius@udngroup.com

法律顧問／理律法律事務所陳長文律師、蔣大中律師
如有破損或裝訂錯誤，請寄回本公司更換
著作完成日期／二〇一八年五月
初版一刷日期／二〇一八年八月二十四日
初版四刷+日期／二〇二二年二月十五日
ISBN／978-986-406-130-3
定價／三三〇元

AQUARIUS 寶瓶 文化事業

愛書人卡

感謝您熱心的為我們填寫，
對您的意見，我們會認真的加以參考，
希望寶瓶文化推出的每一本書，都能得到您的肯定與永遠的支持。

系列：Vision 163　**書名：好女人受的傷最重——精神科醫師教妳立下界線，智慧突圍**

1. 姓名：＿＿＿＿＿＿＿＿　性別：□男　□女

2. 生日：＿＿年＿＿月＿＿日

3. 教育程度：□大學以上　□大學　□專科　□高中、高職　□高中職以下

4. 職業：＿＿＿＿＿＿＿＿

5. 聯絡地址：＿＿＿＿＿＿＿＿＿＿＿＿＿＿＿＿

   聯絡電話：＿＿＿＿＿＿＿＿　手機：＿＿＿＿＿＿＿＿

6. E-mail信箱：＿＿＿＿＿＿＿＿＿＿＿＿＿＿＿＿

   □同意　□不同意　免費獲得寶瓶文化叢書訊息

7. 購買日期：＿＿年＿＿月＿＿日

8. 您得知本書的管道：□報紙／雜誌　□電視／電台　□親友介紹　□逛書店　□網路

   □傳單／海報　□廣告　□其他

9. 您在哪裡買到本書：□書店，店名＿＿＿＿＿　□劃撥　□現場活動　□贈書

   □網路購書，網站名稱：＿＿＿＿＿＿　□其他＿＿＿＿＿

10. 對本書的建議：（請填代號　1. 滿意　2. 尚可　3. 再改進，請提供意見）

    內容：＿＿＿＿＿＿＿＿＿＿

    封面：＿＿＿＿＿＿＿＿＿＿

    編排：＿＿＿＿＿＿＿＿＿＿

    其他：＿＿＿＿＿＿＿＿＿＿

    綜合意見：＿＿＿＿＿＿＿＿＿＿＿＿＿＿＿＿＿＿＿＿

11. 希望我們未來出版哪一類的書籍：＿＿＿＿＿＿＿＿＿＿＿＿

讓文字與書寫的聲音大鳴大放

寶瓶文化事業股份有限公司

（請沿此虛線剪下）

廣　告　回　函
北區郵政管理局登記
證北台字15345號
免貼郵票

寶瓶文化事業股份有限公司收

110台北市信義區基隆路一段180號8樓

8F,180 KEELUNG RD.,SEC.1,

TAIPEI.(110)TAIWAN R.O.C.

（請沿虛線對折後寄回，或傳真至02-27495072。謝謝）